中华人物故事汇

中华先烈人物故事汇

杨子荣

军事科学院解放军党史军史研究中心

学习出版社

中华先烈人物故事汇《杨子荣》编委会

主　编：陈传刚

编　著：陈秋波　彭桂云

目 录

Contents

引　子

20世纪60年代，随着现当代作家曲波长篇小说《林海雪原》的问世，以及同名电影和现代京剧《智取威虎山》的相继上演，侦察英雄杨子荣的英名就闻名于天下，达到了家喻户晓的程度。他那足智多谋、能言善辩、英勇果敢的英雄形象和感人故事，教育和影响了几代中国人。

杨子荣，原名杨宗贵，1917年1月28日（农历正月初六）出生在山东省牟平县（今烟台市牟平区）嵎峡河村一个贫苦农民家庭，4岁时随家人闯关东，因难以维持生计，不久便随母亲和哥哥妹妹回到了老家种地。13岁时又独自搭船到关东找到在那里的父亲和姐姐，便跟着姐姐进缫丝厂当童工。日本帝国主义侵占我国东北后，父亲被抓劳工累死在黑龙江，姐姐也下落不明，他独自一人在东北各地四处闯荡，颠沛流离达8年之久。为了生存，他到码头搬木材、扛大个儿，进深山伐树木、放木排、劈柈子，也给大户人家当过护院，尝尽了人间辛酸苦辣，结交过社会上的三教九流。

1938年年底，杨子荣经人介绍来到鞍山日本人开办的千山矿区当了一名采矿工。由于他吃苦能干，热心助人，很快成为工友们的主心骨，被大家推举为“小工长”。1943年春，杨子荣因痛打欺负中国工人的日本监工，逃离矿区，回到山东老家，加入了村里的民兵队伍，并积极参加打击日本侵略者的活动，不久结婚成家。

日本投降后，八路军胶东军区所属部队扩编，杨子荣觉得自己28岁了，还一事无成。经过激烈的思想斗争，最后决定瞒着母亲和妻子去参军。报名时，将杨宗贵的名字改成了杨子荣。

1945年9月，杨子荣随新兵来到胶东军区海军支队，由于他年纪比较大，被分配到炊事班当炊事员。但他很快被火热的部队战斗生活所吸引，除积极做好炊事工作外，更热衷于政治学习和军事训练。不久，部队奉命开赴东北执行剿匪作战任务。

行军途中，他给大家讲故事、说笑话、鼓舞士气；每到驻地，他趁向老百姓买粮借炊具之机，进行宣传活动，被评为“扩军模范”。部队渡江作战，他主动要求去找船，解决了部队的急需，还不断给指挥员献计，深受大家的好评。

1946年1月，杨子荣所在的部队奉命开赴牡丹江地区剿匪。这时，入伍不到4个月的杨子荣就光荣地加入了中国共产党。2个月后，又当上了“尖刀班”班长。就任的第二天，他带领全班随队向敌人据点发起进攻。他急中生智，置生死于不顾，独闯匪巢，降俘400多名土匪，荣立特等功。

为适应剿匪作战的特殊需要，杨子荣所在的第2团决定成立侦察班，他被新来的团长相中，调任侦察班班长（后改为侦察排）。他带领侦察战士钻林海、跨雪原、串村镇、察窝棚，巧化装、细侦察，先后灭掉“许氏四恶”，降俘“吴家三虎”，智捉“江左撇子”，穷追“九彪”顽匪，成功阻击叛匪作乱，还巧用计谋，化装成土匪，潜入威虎山，智擒匪首“座山雕”，留下了一个个生动传奇的侦察故事，创造了许多以少胜多的奇迹，为取得牡丹江地区剿匪作战的全面胜利作出了重大贡献。

就在杨子荣活捉“座山雕”、捣毁其匪部不久，最后一股土匪残部流窜到梨树沟、黑牛背等地作乱。团党委决定组成30余人的小分队，采取“侦打结合”的办法歼灭该残匪。杨子荣主动要求带队前去侦察。1947年2月23日，当他们在闹枝子沟发现土匪藏身的马架子窝棚，正准备围上去捉拿时，枪没打响，一个土匪冲出窝棚胡乱开了一枪，正好击中杨子荣的胸膛，身经百战的侦察英雄杨子荣壮烈牺牲。

杨子荣在短短的一年多时间里，由一个农民成长为合格的军人、著名的侦察英雄，离不开党的培养、领导的教育、战友的关心、群众的支持，离不开人民军队这个大熔炉的锤炼。最主要的是他心里时刻装着人民，能够自觉地为人民的利益而奋斗和牺牲。正如他智擒“座山雕”之后所说：“为人民事业生死不怕，对付敌人就一定神通广大。”这正是我们宣传和学习杨子荣的根本所在。

01 磨难助成长

年幼闯关东

杨子荣，原名杨宗贵。1917 年 1 月 28 日出生在山东省牟平县嵎峡河村一个贫苦农民家庭，兄弟姐妹 4 人，他排行老三。父亲杨世恩勤劳能干，除了和爷爷一起耕种 4 亩薄地外，还会点泥瓦匠手艺，农闲时打些零工补贴一家人的生活；母亲宋学芝为人正直、善良，哺养孩子，操持家务。

杨子荣 4 岁那年，山东省牟平县遇荒灾，庄稼歉收，一家人的生活难以为继。为了寻找活路，父母就带着杨子荣和姐姐、哥哥、妹妹去闯关东，最终落脚在辽宁省安东市（今丹东）郊外大沙河村。父亲靠给人家修屋盖房赚点微薄的收入，姐姐进了一家名叫“志昌永”的缫丝厂当童工，母亲找不到事做，就背着妹妹、拉着杨子荣和比他大3岁的哥哥杨宗福到处捡破烂，一家人就这样苦攒苦熬，还是填不饱肚子，常常连顿苞米糊糊都喝不上。万般无奈，父母亲商量决定还是分开求生，父亲和姐姐继续留在安东打工，母亲带着杨子荣兄妹三人又回到牟平老家，和爷爷一起耕种那几亩荒地度日。

不久，爷爷积劳去世，全家的重担都落在母亲身上了。母亲是个要强的人，操持着家里的一切事务，对社会上的邪恶势力毫不低头。爷爷出殡那天，棺材前面由孝子捧着灵牌，杨子荣和一群孩子拿着哭丧棒，跟在出殡的队伍后边，正向嵎峡河村的西南方墓地走去时，却被村长领着一群人挡在那里，不让经过，说是会踩坏他家的风水宝地。无论他们怎么求情，村长就是不让通行。这时杨子荣的母亲只得走上前去理论，村长蛮横不讲理，还破口大骂。杨母被逼急了，抢过杨子荣手中的哭丧棒，朝着村长等人疯狂地打去。村长大惊失色，扭头就跑。他万万没有想到，杨家女人竟敢拿哭丧棒打他。在当地农村流传着这样的习俗，谁要是挨了哭丧棒，是要倒霉一辈子的。于是村长气呼呼地把杨子荣的母亲告到牟平县衙。

第二天，县里派来衙差，绑走了杨母。在公堂上，杨母理直气壮，驳得县长和村长哑口无言。由于县长得了村长的好处，还是把杨母关进了大牢。后来县衙对杨母实在定不上罪名，关几天后便把她放了出来。从此，杨母落了一个“拿哭丧棒打人”的名声。这件事深深地印在杨子荣幼小的心中，他对母亲的勇敢精神十分敬佩。

母亲除了精心耕种那几亩山地外，农闲时还用父亲捎回来的钱做些针头线脑的买卖，补贴家用。杨子荣十分懂事，做事认真心细，脑子又机灵，经常帮助母亲打理小生意，母亲觉得他是一个有出息的孩子。为了培养杨子荣，母亲省吃俭用，供他念了两年私塾，期望儿子有一天能挣脱苦海。

杨子荣 13 岁时，母亲再也供不起他上学了，就托乡亲带他第二次闯关东，来到安东找父亲和姐姐。父亲觉得杨子荣还小，不忍心让他去做工，就让他在当地又念了两年小学。后来无钱继续读书，杨子荣只好来到姐姐做工的缫丝厂当童工。

缫丝是季节性的工作，一到秋天，附近山区的蚕农就把收下的蚕茧送到缫丝厂出售。这时是缫丝的旺季，杨子荣和许多童工一起，整天站在热气蒸腾的大铁锅旁煮茧缫丝。工棚里又热又潮，还弥漫着浓浓的令人窒息的药水味。长时间不停地劳动累得童工们直不起腰来，稍不小心还会遭到监工的毒打。而旺季一过，厂子里就没有活干，于是杨子荣和其他童工一起被辞退。为了挣钱糊口，他不得不到处打短工。

日本帝国主义侵占东北后，杨子荣的父亲被抓劳工去了黑龙江北部的孙吴县，姐姐也跟着离开了安东。不久，传来父亲累死在孙吴的消息，姐姐也失去了联系，杨子荣只好一人在东北各地四处闯荡。为了生活，他什么重活累活都干过。到鸭绿江码头搬木材、扛大个儿；在风吹雨淋和烈日暴晒下拉纤、当船工；进深山老林伐树木、放木排；给山里人家劈柈子，也给大户人家当过护院，尝尽了人间的苦楚和辛酸。

在那样的环境下与人打交道，杨子荣学会了

遇事谨慎，练就了足智多谋。每到一地，他都能结交到一些要好的朋友。在东北的几年里，他游走在社会的最底层，什么苦都吃过，什么样的人都见过：有平民百姓，有行会帮派，也有流氓、烟鬼、赌徒、小偷、强盗和土匪。这些人聚在一起，无所拘束，无话不谈，什么天上地下、古今中外、山南海北、英雄豪杰、绿林响马、黑道会门、民间传说等，特别是东北地方的风俗人情、野史逸闻、行帮活动及暗语黑话，他都有所了解，大大丰富了他的社会阅历。为了保护自己，他还专门拜师学过几套拳脚，一人对付两三个人不在话下。

面对社会黑暗和种种不公平的现象，杨子荣愤慨过、抱怨过，但他找不到根本的原因，也无力改变现状。他特别喜欢看小说，如《三国演义》《水浒传》《说岳全传》等。他把省下来的钱去买这些旧书，下工后全神贯注地阅读。他还喜欢听评书，只要哪里有说书的，总是想方设法去听。杨子荣聪明过人，记忆力特别强，这些书他看后或听后都能从头到尾讲出来，而且绘声绘色，无形中学到了许多计谋和兵法战术。书中英雄豪杰的正义感和民族气节，以及勇于反抗、敢于斗争、惩恶扬善的精神对他影响至深。

1938 年年底，经人介绍，杨子荣跟着结拜兄弟阎喜全来到辽宁鞍山日本人开办的千山矿区，当了一名采矿工。矿工们干着十分繁重的苦力活，每天工作达十几个小时，吃的是发霉的高粱米和苞米面，而且还吃不饱，工钱也非常低，还经常遭受日本监工的毒打。日寇为了支撑侵略战争的巨大需求，疯狂地从我国掠夺资源。这个烧洋灰的采石场，也和其他产业场所一样，日本监工凶狠地逼迫矿工们拼命地干活。他们把中国工人当牛马一样使用，骂中国工人是“臭苦力”。

杨子荣来到这个采矿场后，不惜力气地干活，看到年龄大的和体弱多病的工友就主动上前帮忙，谁要是受到日本监工的欺负，他就上前制止。由于他是一把干活的好手，日本监工也让他几分。工友们都很喜欢这个热心乐观的小伙子，遇到什么事都愿意找他拿主意，杨子荣也很愿意为工友们帮忙和出头办事，他成了大家的主心骨、好朋友。尤其是工友们劳累了一天，疲惫地回到工棚后，杨子荣经常给大家讲故事，讲外面的所见所闻。他那神采飞扬的演讲，听得工友们开怀大笑，这是他们最快乐的时光。不久，杨子荣就被大家推举为“小工长”。

这个石灰石矿场，有 3 个日本工头，富永村一是最坏的一个，他经常克扣工人工钱，看谁不顺眼不是骂就是打。杨子荣因为这家伙少给几个工友的工钱，已经和他争吵过几次，早就看不顺眼，一心想寻机揍他一顿。

1943 年春，矿工们正在采石场汗流浃背地干活。突然，一个抬石头的老大爷眼前一黑栽倒在地，原来他生病几天了，不吃不喝，又不敢请假，只能坚持来出工。日本工头富永村一发现后急匆匆地跑过来，不问三七二十一，举起皮鞭对着老人狠狠地抽打起来，嘴里还叫骂道:“懒猪，快快起来干活！”老人被打得“哎哟哎哟”惨叫。工人们看着都很气愤，但谁也不敢上前阻拦。

杨子荣见状，急忙冲了过去，大喝一声“住手！”指着富永村一愤怒地喊道:“你没看见他生病了吗？你还这样打他？再打我们都不干了！”

富永村一个子不高，胖得像头猪，一脸横肉，鼻子底下一撮“卫生胡”，两只鼠眼闪着凶光。他一看过来的是平时敢说话，好打抱不平，在工人中有威望的“小工长”杨子荣，虽有点心惧，但仍装作没听见似的，继续毒打倒在地上的老人。

杨子荣愤怒地一把抓住富永村一的手腕，夺过鞭子扔在地上，那家伙“哎哟”一声，踉跄了几下，差点摔倒在地。富永村一丢了面子，恼羞成怒，气得“哇啦哇啦”直叫，挥起拳头就向杨子荣打了过来。杨子荣没有后退，叉着双腿站在那里一动不动，待富永村一的拳头打到眼前时，他猛地抓住对方的小臂，使劲一拉，右腿迅速插到富永村一的两腿中间，用力一绊，这家伙“扑通”一声摔倒在碎石地上，来了个嘴啃泥，两颗大门牙被石头磕断了，满嘴流着血。

富永村一吃了大亏，哪肯罢休，他爬起来又猛扑过来。杨子荣早就恨透了日本人，心想反正是惹了“祸”，没个好，干脆一不做二不休，狠狠地教训教训这家伙，也算出出胸中的恶气，替被欺压的工友们报报仇。于是，施展出他学会的一点武功，勾拳飞脚，把富永村一痛打了一顿，直打得那家伙连滚带爬，最后趴在地上不能动弹才住手。

杨子荣转身对围上来的工友们说："老少爷们儿兄弟们，我们不能总是这样挨日本人的欺负，我今天打了工头，就是替咱们出出气，但他们是不会放过我的，我不能再在这儿干了，我得走！不能连累你们。你们能干就干，不干也可以散伙，咱们后会有期！"说完，他向大家一抱拳，头也不回地向山下工棚子跑去。

工友们见杨子荣要走，大声喊道："杨工长，你不能走啊！"还有的喊着："俺和你一块儿走！早就不想在这里替他们卖命了。"一群青年工友追着他跑下山去。

杨子荣回到工棚，收拾了一下自己简单的行李，在几个工友的帮助下，匆匆离开了矿场。他赶了几十里路来到火车站，坐上了去大连的火车。到大连后，又几经周折，才搭上一艘货船渡过渤海，逃离了伪满洲国，回到山东老家。

瞒着家人去参军

杨子荣回到家乡后，哥哥已成家，几亩薄地也用不上这么多的劳动力，自己也不能吃闲饭，于是，就在外面打短工维持生计。后经人说媒，1943 年 8 月 25 日，杨子荣与武宁乡邵家沟贫苦农民许文利的女儿许万亮成了亲。婚后，母亲给他和哥哥分了家，他们夫妻分得两亩薄地、一头小毛驴，母亲也和他一起过。打从杨子荣结婚之后，生活终于安定了下来，每天和妻子一起下地劳动，把分得的两亩地打理得井井有条，日子也一天天好起来。

杨子荣除了种好自家的田地外，还热心参加当地的抗日活动。当时，日军不断对山东进行侵犯和骚扰，牟平县也是八路军对日作战的主要战场之一。中国共产党在各县建立了抗日民主政权，杨子荣的家乡嵎峡河村也成立了农民抗日救国会，男人参加民兵组织，埋地雷、破公路，配合八路军部队袭击敌人；妇女参加青妇队，做军鞋、磨军粮，站岗放哨。杨子荣当上民兵后，身上总有使不完的劲，农救会里只要有任务，杨子荣准是第一个要求参加。他机智果敢，在多次战斗中表现突出，得到了很好的锻炼。

1945 年 8 月 15 日，日本宣布投降，驻牟平县城的日军连夜急急忙忙逃往烟台，在逃亡途中仍作顽固抵抗，打死了前来阻击的牟平县独立营营长。八路军攻打烟台时，杨子荣所在的民兵队配合参战。战斗中，他十分敬佩八路军战士的威武和英勇，也学着战士们的样子，不顾一切地勇敢向前冲。他不仅出色地完成了任务，还从火线上连续背下 3 名伤员，受到部队首长的表扬。

这次战斗结束后，胶东军区所属部队进行扩编，地方党组织积极动员党员、村干部和民兵报名参军。杨子荣听到这个消息非常高兴，心想，日本侵略者虽然投降了，但敌伪残余势力还存在，国家还没有统一，封建官僚、地主恶霸还没有打倒，老百姓还在过苦日子，革命还须向前发展，自己应该报名参军，去为天下的穷苦人民打天下。但又想到自己的家庭处境，想到老娘和妻子，她们会同意他去当兵吗？他和妻子结婚两年才有了女儿，出生不久就患病夭折，妻子还想要个儿子，怎么能同意他离家远走呢？老娘一辈子受够了苦难，刚过上不受欺负的好日子，同样盼望着抱孙子，她是不会答应自己再抛家舍业远走他乡的。

杨子荣进行着激烈的思想斗争。这天晚上，他躺在炕上翻来覆去睡不着，躺了一会儿，又起身披衣从炕头摸出一本卷了边的《三国演义》来看。妻子许万亮躺在他身旁，静静地看着丈夫的一举一动，心里琢磨着，抗日胜利了应该高兴呀，怎么还心事重重的，在想啥？也不好过问，只是温柔地催促他早点睡觉。

杨子荣看了看妻子，心里一阵酸楚，当然知道她的心思。可是自己已经 28 岁了，这么多年走南闯北，还一事无成，不免唏嘘感叹，怅然若失。最后决定，还是先不告诉她们，参军后再和她们说，到部队里一定干出点名堂来，为家里争光。

第二天，杨子荣找到他的好朋友韩克利，把

报名参军的想法告诉了他，并动员韩克利同他一起去参军。在杨子荣的劝说下，韩克利同意去报名。

9月18日，杨子荣吃过早饭，和往常一样拿了件单衣，对娘和妻子说民兵队有任务，要到区上去出趟差。他就这样告别了家人，同韩克利一起来到村公所。村党支部书记孙承祺和农救会会长于洪基见他们俩来报名参军，非常高兴，两位村干部对杨子荣的一向表现非常满意，虽然年龄稍大了些，但对他积极报名参军的行动是非常支持的。

过了一会儿，村支书转过头来问杨子荣："家里的工作都做通了？同意你去参军吗？"他的担心不是没道理的，杨子荣和韩克利不一样，毕竟他是成了家的人。

杨子荣笑着回答说："通了，都同意！"

于是，两位村干部把本村报名参军的杨子荣和韩克利送到王从村第七区公所。他们在这里集合后，又被送到牟平县城南关雷神庙招兵站检查身体。

报名登记时，杨子荣问韩克利："你报真名还是报假名？"韩克利说："我报真名呀。"杨子荣说：“我想换个名。”原来，杨子荣的原名叫杨宗贵，他一直用的是这个名字，偶尔用“杨子荣”。今天他要参军了，决定从今以后改叫“杨子荣”。

当时，韩克利也不知道他的好朋友杨宗贵到底改用什么名字。

体检时，杨子荣的身体样样合格，符合军人的条件和标准，而韩克利因为眼睛有点小毛病没被选上。杨子荣帮他说了不少的好话，最终还是未能通过。

杨子荣参军走后，母亲和妻子等了他一两天还不见回来，就去村干部那里打听，这才知道杨子荣竟然背着她们去参军了。婆媳俩都很生气，她们立马赶到王从村，村里人告诉她们说部队已到县城边上的雷神庙去了。

第二天一大早，婆媳俩又追到雷神庙。当时，雷神庙的大院儿里正在召开新兵入伍欢迎大会，新兵们一排排整齐地坐在地上，听一个穿黄军衣、挎盒子枪的部队干部讲话。杨子荣的妻子许万亮在一大片人群中寻找着，很快发现了那熟悉的身影，便指给婆婆看：“那不是他吗？”

有几个新兵发现门口站着穿红袄的年轻妇女和一位老大娘向院子里张望，就不好好听讲，扭头直朝门口看。讲话的军人也看到了这婆媳俩，就笑着对新兵们说："那是谁的家属？是不是来拖后腿的？"

杨子荣听了也转头向门口张望，见是娘和妻子来了。他连忙站起身来向讲话的首长报告了一声，然后走出队伍，跑到她们面前。老娘见到杨子荣，板着脸狠狠地责骂道："好小子！你翅膀硬了是吧？为什么不告诉家里一声，就偷着走了？"

此时，杨子荣无话可说，只得承认自己不对，并向娘和妻子说好话，做解释。他说："娘，我是怕您不同意才没跟你们说的。儿长这么大了，过年就是30岁，总觉得还一事无成，想到部队里去干几年，做出一点成绩来，再回来和万亮一起好好过日子，报答您老人家。儿一定不会给您丢脸的。"他见娘没再吭声，又继续说道："虽然抗战胜利了，但还有很多的穷苦百姓过着受欺负受压迫的日子，儿应该去帮助解救他们。共产党领导的八路军是穷人的队伍，报名参军，也是咱全家的光荣啊！"

娘见儿子心意已定，说的也在理，走的又是正路，还能说什么呢？尽管心里很难过，也只得默许同意了。

许万亮见到丈夫，不停地默默流泪。婆婆转身走到一边，让他们夫妻俩说说离别的话。杨子荣又向妻子认了错，不该偷着走。最后安慰道："别难过，俺娘就托付给你了，你要好好照顾她，也照顾好自己，过些日子我就请假回来看你们……"

这时，队伍集合启程了，杨子荣恋恋不舍地看了老娘和妻子一眼，转身跑进了队伍。

队伍向南开拔了，许万亮和婆婆跟着往前走了好长一段路，一直看着队伍走远了，看不见影了，还在那里望着杨子荣远去的方向。她们哪里会想到这一别，竟成永别，再也没能见上面。

02 熔炉炼尖兵

欢事班里的“胡子兵”

同杨子荣一起入伍的500多名新兵被分配到八路军胶东军区海军支队。这原是一支1944年11月在威海刘公岛和荣成县龙须岛起义的日伪海军部队，被八路军改编后，命名为山东胶东军区海军支队，简称海防支队或海军支队。为改造提高这支部队的战斗力、领导力，胶东军区陆续向该支队调进100多名八路军党员干部和老战士，还从抗日民主根据地各中学选出150名党员和优秀学生加入。这支队伍经过一年多时间的开荒生产、政治教育和军事训练，到1945年8月日本宣布投降时，已成为我党我军领导下的一支战斗力较强、文化水平较高的革命武装队伍。

日本侵略者虽然宣布投降了，但日伪军并没有立即放下武器，仍在进行顽抗。海军支队受命攻打青岛外围的即墨城，经过几天的激烈战斗，消灭日伪军 1200 余人，解放了县城。完成任务后，于 9 月中旬撤到莱阳县水沟头村（今莱西市）进行整编，将海军支队改编为陆军师级建制，把原有的 4 个中队扩编为 2 个大队 6 个中队，人数达 1000 多人。支队的领导指挥主要由副支队长田松和副政委李伟两位同志负责，所以后来也称田松支队。

杨子荣这批新兵来到海军支队时，正赶上部队在水沟头村整编，杨子荣被分配到第 2 大队 5 中队。2 大队大队长连城，政治委员曲波，副大队长肖永志，副政委王日轩，5 中队队长陈庆。

分兵的这一天，几百名新兵被分成几拨，静静地站在村边的空地上。村南边的一拨人中，5 中队指导员正对着花名册点名。当叫到“杨子荣”时，他声音洪亮地回答:“到！”然后跨出队列。中队长和指导员的目光不约而同地扫去，见他身材壮实，长条脸，连鬓胡，厚嘴唇，蒜头鼻子，两道浓眉透着英气，双眼炯炯有神。

中队长和指导员仔细打量了他片刻，交换了一下满意的眼色。指导员指着花名册上的年龄，笑着对中队长说："都 28 了，比你我年龄都大。"

中队长也笑着说："那就让他上炊事班吧。"

杨子荣被炊事班的战友们欢天喜地接到班里，热情地给他铺床倒水，感动得杨子荣连连道谢。炊事班班长笑着说："你谢啥呀，咱这是人民军队，同志平等，新同志来的时候都这样。"

杨子荣听后不住地点头。他在家里参加民兵活动时，虽对八路军的生活作风略有所闻，但毕竟是听说的。现在，刚刚走进这支队伍，就强烈地感受到家庭般的温暖，兄弟般的情谊，他下定决心要在革命队伍里好好干。

来到炊事班，杨子荣挑水、洗菜、劈柴、烧火，样样活计都抢着干，总有使不完的劲。大家都对这个新来的"胡子新兵"印象非常好。

只是当他挑着开水送到训练场上时，看着别人投弹、刺杀、射击，他的心里隐隐约约生出一些羡慕和遗憾。有时看到也是从牟平来的同乡、通讯员小张背着小马枪，心里痒得要命，抽空就要端起来试试。小老乡也热情地教他如何掌握射击要领。杨子荣羡慕地说：“什么时候俺也有一支枪就好了。”小张安慰他说：“会有的，一定会有的！”

部队在水沟头村进行了一段时间的政治学习和军事训练。杨子荣对学习和训练都很积极，每天做完饭，别人休息时，他就跑到训练场上跟着学瞄准、投弹和刺杀。

中队指导员是个老八路，杨子荣听了他讲的几次政治教育课后，明白了很多道理，认识到干革命不是为了报私仇，也不是为了升官发财，而是为了解放全中国受压迫受剥削的劳动人民。明白了我军的宗旨是为人民服务，明白了遵守“三大纪律八项注意”是建立与老百姓的鱼水关系，部队才能打胜仗的道理。杨子荣有文化，结合自己多年的苦难经历，理解起来要比其他人更深刻。他暗暗庆幸自己当八路军的决定万分正确，是人生中最有意义的事，哪怕是粉身碎骨也值得。

有一次，中队举行联欢会，老兵新兵对半出

节目。老兵们先唱了一首《大刀进行曲》后，就让新兵们出节目。新兵们嚷着让杨子荣上场唱个家乡小调，他一看推不过去，站起来抓抓脑袋，笑着向大家说："俺就来一段《说三国》吧！"他利索地走到场院中间，拉开说书的架势："话说曹兵追到长坂坡，见张飞倒竖虎须，圆睁环眼，手握长矛，立马桥上，便都扎住阵脚，不敢近前。曹操闻报，急来观看。张飞看见曹操，索性大喊：'张飞在此，谁敢与我决一死战？'声如巨雷，震耳欲聋，曹军听了，吓得簌簌发抖，曹操也暗暗胆怯。张飞见状，又大喝道：'战又不战，退又不退，是何道理？'这一声大喝，犹如晴天打了个霹雳，竟把曹操身边部将夏侯杰吓得肝胆破裂，倒栽马下。曹军顿时大乱，慌忙奔逃，一时人如潮涌，马如山崩，自相践踏，死伤无数。这便是张飞独立当阳桥，一声喝退曹操十万追兵的故事。"

杨子荣话音刚落，场上立刻响起雷鸣般的掌声。比赛结果，新兵获胜。指导员欣喜地看着杨子荣，他为中队来了这么一位既有文化，又极富组织和鼓动能力的人才感到高兴。比赛结束后，他对杨子荣说：“以后在联欢会上、行军路上，多给大家来几段，做做鼓动工作。”杨子荣高兴地答应了。

再次“闯关东”

为了粉碎蒋介石发动内战的阴谋，争夺东北，开创和建立巩固东北根据地，中共中央先后派遣20名中央委员、候补中央委员，包括4名政治局委员，还有2万多名干部和11万大军进入东北，领导东北人民进行革命斗争，消灭日伪军残余势力，保卫抗日战争胜利果实。

1945年10月21日，杨子荣所在的海军支队，奉命开赴东北地区执行任务。部队出发时，杨子荣挑着沉重的炊具跟着行军的队伍向前走，走了不一会儿，他看到有些战士打不起精神，显得很疲惫，于是，他边走边讲一些故事和笑话，逗得战士们哈哈大笑，顿时活跃了气氛，大家行军也轻快多了。

每到休息地，他就和炊事班的战士们忙着烧

水、做饭，等大家吃完饭，他收拾停当后，就叼着旱烟袋找个地方一蹲，战士们立马向他围了过来，请他来一段。

10月24日，部队开到龙口镇，这里是渤海边上的一个小港口，也是渡海北上的码头。杨子荣虽然不知道上级把队伍拉到这里的意图，但以他当年多次闯关东的经验来看，这里应该是去东北最好的出发地。

5中队被安排在一个大院里宿营，中队长宣布了一条纪律：只准进，不准出。晚上，中队干部开会回来向大家传达上级指示。中队长说："国民党蒋介石正调兵遣将要独占东北，我们不能把胜利的果实白白送给他，上级要求我们抢先开进东北，快速去占领，这就是我们这次行动的目的。"

指导员接着动员说："我们大多数人的家在胶东，过去一直在家乡征战，这次要离开故土去东北了。祖辈们有闯关东的传统，那是为了求生存。我们这次也要'闯关东'，是为了保卫我们抗战胜利的果实，解救那里受苦受压迫的人民。大家要放弃家乡观念，勇敢地去同国民党和日伪军残余势力作斗争，用胜利来回报家乡父老，大家有信心吗？”

战士们齐声回答：“有信心！”

杨子荣跟着战士们喊出了他的心声，心里觉得暖融融的。这次是他第三次闯关东了，可与他10多年前闯关东的意义是多么地不一样啊！

第二天上午，部队开始换装备，把一部分枪支留给地方部队，军服也上交，每人改发一套黑夹袄裤，以防在海上遇到美国军舰，让美国佬看出真相。杨子荣和炊事班的同志，跟随司务长到兵站给每人领回来两张大锅饼和一些咸鸡蛋、咸菜，准备在船上吃。他们还到街上买了牛肉，准备包一顿饺子，让大家在离开家乡前改善一下生活。

杨子荣挑着牛肉在街上急急忙忙地走着，突然听到有人在喊他的名字。他停下来一看，原来是在军区司令部当兵的妹夫王明惠。王明惠把他叫到一边问了一些情况，知道他们要过海到东北去了，就说：“哥，你还是留在胶东吧，你娘都60多岁了，万亮嫂子又没有孩子，他们离不开你呀！我认识这里的首长，我去给你说说，让你留下。”

杨子荣对妹夫说：“我当然也舍不得离开家，

可咱是革命军人，不能想参加就参加，想离开就离开，只顾自己呀！指导员说了，我们这次去解救受苦受难的人民，我怎么能逃脱呢？你有时间回去替俺看看娘，告诉她们，就说俺很好，不用挂念，等革命胜利了，俺就回家去种地。”

杨子荣看妹夫还想说什么，就笑了笑说：“放心吧！你在部队也要好好地干。”说完，挑着担子就往回走。走出老远，回头看妹夫还站在那里。

25 日下午，部队集合在码头登船。10 艘大木帆船和 3 艘渔轮成一字纵队向茫茫的大海驶去。杨子荣所在的 5 中队 3 排和连部、炊事班坐在一条船上。在船舱里，应大家的要求，杨子荣给大家讲述了东北的风土人情和生活习惯，如“东北三大怪”“东北三件宝”，听得大家如痴如醉。

夜幕降临，海上风力逐渐大了起来，船颠簸得厉害，有人开始晕船呕吐。杨子荣坐过船，还能挺得住。他尽力地去帮助那些晕船严重的战士，不停地把他们呕吐的东西收拾干净。

第二天清晨，海上风平了，浪也小了，一轮红日从海平线上喷薄而出，大家兴奋起来，纷纷走出船舱，欣赏着海上风光。突然，他们发现海面上只有4、5中队的两艘船，其他的船还不见踪影。两艘木船又经过大半天的航行，前面就要到旅顺的小平岛了。这时，不远处一艘巡逻艇向他们驶来，都以为是碰上了美国军舰，大家一时很紧张。巡逻艇靠近木船，甩过绳索拴住，几个白皮肤、高鼻子、蓝眼珠的外国军人跳到木船上进行搜查，他们把战士们的枪支弹药都扔到了海里，大家一时不知怎么办才好。

杨子荣看他们的长相和听着他们叽里咕噜的说话，明白了他们不是美国兵，是苏联军人。他过去在东北见过苏联人，能听懂一点俄国话。他悄悄地对中队长说，他们是苏联兵。中队长找到会说几句俄国话的3排长张继尧，让他出来作解释。张继尧连比画着说了半天，人家还是没听懂，照样搜查。这时张继尧灵机一动，说："你们是布尔什维克？列宁？"他们似乎听懂了，立即停止搜查。张继尧又说："我们是毛主席派来的。"他们好像明白了船上人的身份，于是跷起大拇指，用生硬的话说："毛主席！"但还是不放行，把两艘船拉到小平岛，把战士们赶上岸，关到一个马圈里。

中队领导带着张继尧去和驻岛苏军负责人交涉，说明自己是山东八路军海军支队，奉党中央命令开赴东北，协助苏联红军作战，因怕在海上遇到美国军舰，部队才换上便衣。苏军军官用电话和上级联系，知道八路军确实有这么一支部队开来东北，这才在第二天早晨放行。战士们都很生气，认为“苏联老大哥太不够意思！……”

杨子荣他们乘坐的两艘船遇上了苏军巡逻艇，耽误了一天的时间；其他船越过小平岛，于 10 月 27 日到达辽宁省庄河海岸，在这里涉水登陆。

副支队长田松和副政委李伟立即赶赴安东，向刚成立不久的“东满总省”临时指挥部（后改称辽东军区）司令员兼政委萧华汇报情况，请示任务。萧华司令员说：“东北的斗争形势很严峻，国民党已由美国军舰运两个军到东北，他们的主要目标是抢占铁路干线和大城市，我军现在也阻挡不了，那么我们就先占中小城市和广大农村，然后再发展。北满是我们要争夺的一个重要地区。你们稍事休息后，立即开往北满，到达那里后，与中共中央东北局北满分局部队领导联系。同时，沿途要做好群众工作，扩大部队，武装自己。”

为了适应东北的斗争形势，海军支队番号改为东北人民自卫军辽南第 3 纵队 2 支队。

副队长田松和副政委李伟领受任务后，迅速赶回部队进行传达。11 月 7 日，第 2 支队离开庄河，乘火车来到吉林市南边的口前车站。为弄清吉林地区的敌情和社情，支队领导乔装进入吉林市见到了吉林地区党政负责人袁任远、王效明等人，他们对第 2 支队的到来感到非常高兴，说：“吉林北部和哈尔滨南部地区的苏联红军撤走后，大部分地区已被由地主和土匪武装组成的国民党‘先遣军’所控制。他们袭击我们的部队，暗杀我们的干部，十分猖狂。由于吉北没有关里老部队，干部缺乏，希望你们来了后，迅速改变这里的不利局面。”

支队领导研究决定，先消灭吉北、哈南一带几个县的“先遣军”反动武装，用缴获的武器装备部队。同时，协助地方建立政权，发动群众保卫家乡。在战术上采用集中兵力、各个歼灭的办法，不断扩大战果。

巧化装众人难辨

11 月下旬的吉北平原，气温骤降，雾霭茫茫，寒气袭人。盘踞在江对面乌拉街的伪保安队，拒不接受我军劝降，他们占领渡口，抢走渡船，妄想凭险顽抗，阻挡我军过江北上。第 2 支队经过急行军，于 26 日赶到松花江边，这时江面已结冰。通信员小张急忙跑到江边，刚往冰上迈腿，“咔嚓”一声冰碎了，他大声喊道：“中队长，冰太薄。”

担任攻打乌拉街任务的第 2 支队 2 大队领导，望着宽阔的松花江心急如焚，冰上载不住人，又没有船只，这可如何是好？大队领导开会让各中队想办法，首先解决如何过江的问题。

杨子荣看到领导们急成那样，心里也不好受。按说，作为一名炊事员，把饭菜做好就是完成任务了。可是杨子荣觉得此仗非同寻常，一定要旗开得胜。于是向班长建议，自己出去找找船。

班长见杨子荣说得恳切，同意他去试试。于是，拉着杨子荣去找领导，中队长知道杨子荣在东北干“苦力”十几年，熟悉地方情况，而且一路上的表现也很突出，相信他能有办法，就同意了他的请求，还带他去大队部见曲波政委。曲政委听了很高兴，鼓励他说：“现在船只是部队能否顺利过江的最大问题，相信你一定能够找到。”

杨子荣坚定地回答：“我一定尽力完成任务！”

杨子荣装扮成打渔人，穿着一身破旧的单衣，顺着江边往上游走去。他仔细察看江边每一处树丛、苇塘和沟岔，一直走了 30 多里路。天黑时，终于在一条江岔子里发现有只大木船，能坐 20 余人。杨子荣非常高兴，急着去找船主。他四下搜寻，见不远处有点亮光，就直奔过去。

这是一间小茅屋，杨子荣轻声敲了敲门，门开了，一位 40 多岁的农家妇女惊讶地望着来人。杨子荣热情地叫了声“大嫂”，然后介绍说，自己是从关内来的八路军，部队要过江去打乌拉街的土匪，想借她的船用用。女主人听说打土匪，就爽快地答应了，因她深受土匪之害，前几天她丈夫被土匪抓去干活，到现在还没放回来。

杨子荣和女主人上了船，快速地向下游划去，船划到渡口附近时，天还没亮，杨子荣让她把船隐蔽在一片柳树丛里，自己则跑回中队报告。

中队长听说找到船了，喜出望外，连忙向曲波政委报告，曲政委连声夸奖杨子荣办了件大事。

杨子荣又建议说：“中队长，可不可以趁天没亮，先悄悄用船运过去二三十人，找地方潜伏起来，等到大部队过江时，两面夹击守江的敌人。”

中队长说：“这主意好！”他立即命令3排担任突击队，跟随杨子荣先渡江。

战斗在凌晨打响，船主把战士一船又一船地运送过江。3排早已悄悄摸到敌人背后，两面夹击，乌拉街守敌顿时首尾难顾。他们万万没想到我军这么快就渡过了江，仓皇应战。突击队迅猛突击，直插街心，与敌人展开巷战。在过江部队的猛攻下，全歼守敌300余人。入关后的首战大获全胜。

在2大队攻打乌拉街的同时，支队参谋长率1大队和警卫中队夜袭溪浪河，歼敌50余人。是日，又包围白旗屯，守敌惊慌失措，一股敌人从西门逃向了腰崴子。2 大队得知后，迅速追至腰崴子，将敌包围。上午 10 时发起进攻，敌军疯狂抵抗，经过 3 个多小时的激战，除少数敌人北逃榆树、五常外，其余均被歼灭。

第 2 支队乘胜前进，一路势如破竹。12 月 15 日攻克朝阳、舒兰，27 日解放榆树，1946 年 1 月 3 日解放五常。

这天，2 大队在五常召开欢庆大会，曲波政委在会上特地表扬了杨子荣，表扬他在乌拉街战斗中找船和北上途中“扩军”有功。原来，在进军途中，部队每到一个地方，杨子荣就利用向老乡筹粮、借用锅灶等机会，积极宣传我军政策，动员青年参军参战。当部队到达五常时，杨子荣一人就扩军 30 多人，被大队评为“扩军模范”。

会后表演节目时，有人提议让杨子荣给大家来一段。

一听说杨子荣表演节目，战士们立刻欢呼起来，“杨子荣！来一个！杨子荣！来一个！”

杨子荣这次给大家表演了一段喜剧演员的动

作，演得惟妙惟肖，滑稽可笑，逗得战士们前仰后合，笑得直不起腰来。

曲波政委对杨子荣的表演给予了高度的评价，说：“演得好，演得像。”

杨子荣毫不谦虚地说：“今天来不及化装，要是化一下装就好了。”

曲波政委想试试杨子荣的化装能力，就笑着对大家说：“那好，就请杨子荣同志给咱们化装表演一次好不好？”

“好！”战士们异口同声地回答。

杨子荣很自信地说：“我化了装走在街上的人群里，你们都认不出来。”

曲波政委不相信，摇着头说：“不管你化装成什么人，我也能认出你来，认不出，我买糖请客！”

杨子荣说：“好，一言为定！过午，我就在赶完集往回走的人群中，从队部驻地门前过，你们站在道边上看着，要是认不出，曲政委可别赖账哈！”说完他就准备去了。

午后，曲波政委带着一些人站在道边上观察，

县城街道上的行人较少，很容易看清楚。他叫大家注意，仔细观察走过去的每一个人。人都走光了，结果谁也没认出杨子荣来。正在他们纳闷时，一个早已走过去的病弱老头儿又走了回来。这个老头儿满脸苦相，胡子老长，头上顶个破毡帽，身穿破棉袄，拄根木棍子，左胳膊还夹了个瓦盆，弯着腰，一步一挪，嘴里直哼哼，看样子病得很重。这个“病老人”他们也都看到了，还很同情，但没引起注意。待“病老人”走到曲波政委的身旁，拍着他的肩膀说：“怎么样，曲政委，看出来了吗？”这时曲波才认出是杨子荣，大家哈哈大笑起来，跷起大拇指说：“真是装得太像了，政委赶快拿钱买糖吧！”

第 2 支队攻占五常后，部队在这里进行了短期的休整。支队首长前去宾县，向北满军区领导人请示汇报。

这时，部队人数由渡河时的 1000 多人扩大到 3000 多人，武器装备也得到了很大的改善。北满军区领导人高岗、陈云接见了支队干部，决定由田松任支队长，李伟任政治委员，并将支队下属的两个大队扩编成第 1、第 2 两个团，中队和小队改为营、连建制。杨子荣所在的 2 大队 5 中队改编为第 2 团 3 营 7 连，同时准备进驻哈尔滨附近，担任警卫任务。

这几天，各排排长都来找连长、指导员套近乎，请求把杨子荣这个兵调到自己的排。支委会上，连长对排长们说："冰天雪地的，吃饭不是小事，炊事班也得有个好兵，你们就死了这个心吧。"

鉴于杨子荣入伍以来的出色表现，支部讨论决定吸收他为新党员。支部派人找他谈话，对他进行党的知识教育，使他进一步懂得共产党是工人阶级的先进的有组织的部队，眼下目标就是要为天下的劳苦大众求解放；长远目标就是要实现没有剥削、没有压迫的共产主义。

杨子荣经常看到支队和团里、营里、连里的共产党员，个个都是好样的，总是吃苦抢在前，打仗冲在前，觉得自己离共产党员的标准和要求还远着呢，还要继续努力地做好各项工作。但又想，加入共产党不是自己一直的追求吗？来到这个世上 29 年了，尝尽了人间的辛酸苦辣，真正活得像个人样的，还是进入了共产党领导的队伍之后。不管怎么说，自己也得有个态度啊！经过慎重考虑，杨子荣郑重地向党支部提出了入党申请。

支委会再次讨论，得到全体支委的赞同。1946年1月，在鲜红的党旗下，参军不到4个月的杨子荣激动地向党旗宣誓："凭我老杨这条枪，这身力气，一定要在党的领导下，和阶级兄弟一起，把阶级剥削、阶级压迫的根子全挖掉，打出一个共产主义来！"

急进牡丹江剿匪

整编后的第2支队兵强马壮，士气高昂。这时，牡丹江地区时局混乱，土匪活动猖獗，形势十分紧张。军区领导指示：调第2支队急速东进，开赴牡丹江地区剿匪。

原来，日军投降后，我党即派李荆璞到牡丹江地区任军区司令员，领导并扩大武装。李荆璞带领军区干部大刀阔斧，采取“摘葡萄”的方法，迅速组织收编地方武装。一个多月的时间，就收编和组建了十五六个团，共2万多人。收编的地方武装头目根据所带人马、枪支多少，被委任为团长、营长，或相应的职务。随后，中共中央又从延安和关内调去100多位老红军、老八路，掺到各团去掌握部队。这一时期牡丹江地区形势大好。

国民党看到这种情况，也不甘落后。10月8日，“中国国民党牡丹江省党务专员办事处”和“牡丹江市国民党部”成立，并相继在宁安、林口、穆棱、海林等地设立县党部和县支部，公开挂出牌子，打着“中央”的旗号，与共产党争夺武装力量。共产党委任营长的，国民党就委任团长；共产党委任团长的，国民党就委任旅长。一时间，牡丹江军区新收编的十五六个团，绝大多数或明或暗地纷纷倒戈，摇身一变成了国民党的“先遣军”“挺进军”“保安军”。国民党军和土匪武装凭借手中精良装备攻城夺地、烧杀抢掠，我党派去的干部被杀的杀、抓的抓，整个牡丹江地区只剩下牡丹江市和宁安县城在我党手中。

此时，各路国民党军和土匪武装已对牡丹江市和宁安县形成四面包围之势，他们步步逼近，疯狂叫嚣“打进牡丹江，活捉李荆璞！迎接国军，到牡丹江过春节！”

牡丹江形势十万火急！一份份急电飞到哈尔滨，飞到东北局。在这万分艰难的时刻，杨子荣所在的第 2 支队奉命出击。官兵们溜冰踏雪、昼夜兼程，不停地东进！在冰天雪地里急行军二三百公里，于 1946 年 2 月 1 日夜里到达牡丹江海林镇。这天正是除夕，突然开来一支队伍，令海林国民党县党部人员欣喜若狂。

正月初一一大早，县党部书记就将城里的乡绅、党棍们召集起来在会议室里开会，商量着怎么犒劳新来的“国军”。

乡绅、党棍们见面后一个个抱拳相庆，眉飞色舞。县党部书记也抑制不住激动的心情，兴高采烈地说：“给诸位先说个笑话，东京城里有个八路的副团长叫王敬之，领着几个孤零零的高丽棒子营，被马喜山的人马打得无处逃生，最后跑到老毛子的鼻子底下苟延残喘。听说啊，人家老毛子大哥也不管他，就在昨晚卷铺盖开走了。”

“噢……”乡绅、党棍们都很惊喜，连声嚷嚷：“那……咱们去把他端了……”

县党部书记接过话茬：“所以啊，这不，正找大家来商量怎么劳军的事儿呢。昨晚来到镇上的‘国军’，咱们要好好接待，借他们的力量什么事都能办成……”话正说到这里，会议室的门“咣当”一声推开了，一个身穿黑棉袄腰挎盒子枪的人带着几个端枪的战士跨了进来。

县党部书记吃了一惊，呆怔怔地看着他们。

挎盒子枪的人命令道：“不许动，都把枪交出来！”

县党部书记见来人很愣，心里咯噔一下，看着人家端着明晃晃的枪，又不好发作，小心地问道：“你们是……是哪一部分？”

挎盒子枪的人向前走了一步说道：“说出来怕吓你个跟斗。我们是从关里来的八路军 2 支队。”

县党部书记一听，吓得两腿一软，瘫坐在地上。其他人也都大惊失色。

乡绅、党棍们垂头丧气地被押出大院。街上

的老百姓不知道发生了什么事，一个个恓恓惶惶，过来过去都是一溜小跑。

不一会儿，昨晚来的那支穿黑棉袄的队伍，三五个人一组，分散到镇中各家各户，开始给老乡扫街、扫院、担水、劈柴……

杨子荣所在的炊事班住到了农民孙玉琢家。傍晚，孙老爹领着儿子孙玉琢到院里给牲口铡草。杨子荣看见，忙从屋里出来，蹲到铡刀边就给续草。孙老爹也不推辞，仔细地盯着杨子荣干活。过了好久，老爹说："看你这小伙，倒是把干活的好手。"

杨子荣笑着说："大爷，我本来就是干活的出身。"

老爹一边抽烟，一边点头，问道："你们是从哪里来的？到这里干什么来了？"

杨子荣说："我们打山东来，到这里来打土匪。"他看了看孙老爹，又亲切地说："在我们老家，地主恶霸都被打倒了，田地都分到穷人手里，穷人不再受欺负了。"

老爹不吭声，不停地抽烟。

就在当天晚上，孙老爹家的门上被人钉上了一块纸片，上面写着："小心脑袋"。

炊事班起来做饭时，孙老爹拿着纸片，惊慌失措地递到杨子荣手里。杨子荣看后对孙老爹说："大爷，您放心，不要怕，有我们在这住着，一定保证您一家人的安全。"

从这一天起，杨子荣就和班里人轮流在孙老爹房屋的窗户下守夜。孙老爹知道后感激不已，直赞叹："真是少有的好军队。"

杨子荣还给孙玉琢讲述革命道理，并鼓励他出来参加民兵，投入剿匪斗争。在杨子荣的鼓励动员下，孙玉琢串联了十几个青年伙伴，跑来要求参加民兵。

杨子荣还发挥了沟通的特长，他做完炊事班的工作后，就在孙家的炕上盘腿一坐，和孙老爹一家人天南海北地聊了起来，从他们的口中，了解到哪里有土匪，哪里有暖泉藏得住人，哪里的人有什么风俗习惯。这一聊一唠，无形当中，掌握了许多情况，还拉近了军民关系。

杨子荣把听到的消息随即向连长报告，连长

高兴地说：“你这家伙像信息篓子。”

牡丹江军区司令员李荆璞得知第 2 支队已到达海林镇的消息，万分高兴，立即带领几位干部从牡丹江骑马赶到海林镇，召开连以上干部会议，介绍牡丹江地区的敌我斗争形势，布置作战任务。会议决定：支队队部和第 1 团进驻宁安，第 2 团留驻海林，立即发动群众，摸清匪情，投入战斗。

正在这里开展工作的中共中央政治局委员、东北局代表张闻天，接见了第 2 支队的全体干部，称赞他们进行了一次“小长征”，并要求部队发扬老八路的传统和作风，发动和依靠当地群众，勇敢战斗，彻底剿灭土匪武装，建立起牢固稳定的根据地。

张闻天分析说：第 2 支队的到来，使牡丹江地区的敌我力量发生了变化。但就数量上讲，土匪仍占优势。不过，土匪大都占山为王，各有自己的地盘，他们为了保存实力，不能协同作战。而我们就应该采取集中兵力、分路清剿的办法，各个击破。第一刀要砍向势力最强、对牡丹江地区威胁最大的南部之敌郑云峰、马喜山匪部。

明确任务后，第 2 支队立即向敌发起攻击，迅速突破“滨绥图佳先遣军”副司令兼旅长马喜山部对东京城的重重包围，与坚守在那里的牡丹江第 4 团副团长王敬之会合。接着，奇袭了设在鹿道的“滨绥图佳先遣军”司令部，活捉匪首郑云峰。2 月 16、17 日两日，又连续击溃马喜山匪帮的反扑，我军乘胜前进，向马喜山的老巢——春阳镇发起进攻，马喜山抵挡不住，带领家人和几十个亲信逃进了深山老林。3 月初，第 2 支队又挥师西进，攻占了匪军的据点五风楼、镜泊湖南湖头等地。

第 2 支队进入牡丹江地区不到 1 个月，作战 21 次，歼灭和迫降郑云峰所属匪徒 1600 余人，缴获大批枪支弹药，解放 23 个村屯及群众 5 万余人。

自郑云峰、马喜山匪部被灭后，“海林来了八路军”的消息像长了翅膀，迅速在土匪中传开了。八路军的厉害让许多土匪胆战心惊。当然，也有不信这个邪的。

一天清晨，海林镇刚从沉睡中醒来，人们忙着担水做饭，第 2 团官兵分散在镇上扫街扫院，整个镇子因八路军的到来，显得格外祥和。

突然，镇西头“叭叭叭”响起枪声，街道上、院子里忙碌的人们都怔住了，第2团官兵迅速跑往住处取枪。

说时迟，那时快，只见一彪人马从镇西头冲进镇子，二十几个土匪骑着快马，把燃烧的火把、嗞嗞冒烟的手榴弹扔向路旁的民房和人群。

冲出屋来的战士纷纷向马队开枪。马队如一阵风，呼啸而过。路过村中大槐树时，匪首一扬手，将一个飞镖钉到树上，上面系着一块白布。

通信员看到大槐树上插着的飞镖，跑上前去拔下来，连那镖上的白布一起交到参谋长手里。

参谋长展开一看，布上写着：“别高兴得太早！郑三炮。”参谋长顺手递给副政委：“看来，土匪是来向我们示威的。”

副政委接过来扫了一眼，说道：“好啊，那就看谁整过谁吧！”

为打击土匪的嚣张气焰，新任牡丹江军区副司令员刘贤权率领第2团1营、3营7连、团机炮连和军区14团3营，于3月16日出动剿匪，次日在桦林镇东山和北山与敌激战一天，匪徒用猛烈的炮火轰击我军阵地，我军反复争夺，战斗进入胶着状态。

7 连炊事班在不远的坡坎上盘锅支灶做饭，杨子荣一边烧火，一边神不守舍地朝阵地上张望。炊事班班长看着做好的饭，也不见有人下来吃，心里很是焦急。

杨子荣自告奋勇地对班长说："要不我到前边去看看，是往上送还是叫同志们下来吃？"班长想想也没有别的办法，告诉杨子荣快去快回。

杨子荣上气不接下气地跑上阵地，弓着腰寻找连指挥所的位置。一枚炮弹打过来，爆炸的气浪把他掀了个跟头。杨子荣从雪窝里爬出来，趴在地上细细观察敌人的阵地，发现敌阵地左侧是个断崖，虽然陡峭，但似乎攀得上去。

于是，他继续向连指挥所爬行。连长猛然看见了他，朝他吼道："杨子荣，你在干什么？"杨子荣听到喊声，就地打了个滚，滚到连长面前，急急忙忙地用手指着说："连长，左边可以爬得上去。咱们怎么不弄几个人从那里上去，夹击一下。"

连长正为久攻不下而恼火，一听杨子荣的话，不耐烦地说：“你算了吧，做你的饭去！”

杨子荣这才想起自己是干什么来的了，连忙问：“连长，饭做好了，我们班长让我来问问是往阵地上送，还是大家下去吃？”

连长红着眼说：“没拿下这山头，还吃什么饭！”正在这时，有人喊道：“连长，你看！”

连长举起望远镜，顺着战士指的方向看去，见有几名战士正沿着杨子荣刚才指的断崖艰难地向上攀登。“是 2 连的。”连长高兴地自言自语。杨子荣也焦急地朝那边张望。连长将望远镜朝胸前一摔，操起枪，跃出工事，大声喊道：“7 连，跟我上！”

战士们立即跃出掩体，端枪猛冲。杨子荣愣怔了一下，随即捡起一支枪也跟着冲了上去。

连长怒吼着，猛烈地朝正在仓皇退却的土匪射击。一个土匪躲在一块巨石后面，悄悄探出身子，正准备向连长射击。杨子荣眼疾手快，抬手一枪，那土匪应声倒在了地上。

连长回头见是杨子荣，欲言又止。杨子荣憨

憨一笑。

连长看着杨子荣，似乎也感到肚子饿了，大声说："通知你们班长，跟上队伍，追赶完敌人开饭。"

杨子荣答道："是！"他迅速跑回坡坎子，传达连长的命令。大家七手八脚地收拾摊子。杨子荣迅速把自己的背包打开，摊开被子，搭到饭锅上包好，找根棍子一插，与另一个炊事员抬起来就走。

桦林镇战斗结束后，刘副司令员指挥所部乘胜追击，继而解放了五林河、北甸子，又将逃匪包围在马桥河。

攻打马桥河的战斗进行得相当激烈，匪徒们躲进民房进行顽抗，炮兵不得不把一枚枚炮弹打向匪群顽抗的院落，给匪徒以极大的威慑。战至下午2时，守敌被击溃，一部被歼，另一部逃往板院，我军占领了马河桥。

当杨子荣随着炊事班进村打扫战场时，眼前的情景使他惊呆了：许多民房被炸毁，冒着青烟；在地上的尸体中，既有匪徒，也有被匪徒杀害的妇女……一个个血流满面，惨不忍睹。几位白发苍苍的老人坐在废墟旁哭泣。此情此景，使杨子荣心痛欲裂，眼泪止不住地滚落下来。他站在一位老人身旁，想说些什么，但又不知道说些什么好。最后默默地站起来和同志们一起去掩埋乡亲们的尸体。

我军马不停蹄，继续乘胜追击，于 3 月 21 日将残匪包围在板院，经过激战，又将其击溃。

03 使命壮虎胆

新任班长惊人之举

这天，部队就地休整，7 连连长坐在那里犯愁。这马河桥和板院村倒是打下来了，可连队的伤亡也不小，特别是 1 班班长身负重伤，让他很是心疼。仗还要继续打，尖刀班 1 班不能没有班长啊！

指导员看他愁眉苦脸的，便说道："别发愁啊，那不是有一个现成的嘛！"

"谁呀？"

指导员说："我看'扩军模范'行！"

连长一拍脑门，连声说："哎呀，你看我这人，怎么就没想到呢？嗯，行！行！"

指导员询问道："就这么定了？"

连长十分肯定地说："就这么定了！"他把头上的帽子往下一抓，高兴地喊道："通信员！跑步去炊事班，把杨子荣叫过来。"

炊事班班长不知道发生了什么事，也跟着杨子荣匆匆赶来。

杨子荣一到，连长郑重其事地向他宣布："杨子荣同志，从现在起，你就是1班班长，立即就职！"

"是！立即到职！"杨子荣虽出乎意料，但回答得十分干脆。

炊事班班长见是这么个事，既为杨子荣高兴，又为自己班惋惜："走了个好兵！走了个好兵！"他咂咂嘴，连连摇头，惹得连长和指导员笑了起来。

杨子荣回到炊事班和大家道别，心情十分激动。他自水沟头参军到今天才5个多月，天天生活在快乐的集体怀抱中。学政治，明白了许多道理；练技术，提高了军事素质，还加入了党组织，今天又当上了班长，这都是大家手把手教的结果呀！特别是老班长，对自己总是体贴入微。想到这里，他握着老班长的手久久不放。

老班长嘿嘿地笑着，眼里翻滚着泪花，作为杨子荣的入党介绍人之一，他感到非常自豪。他握着杨子荣的手说："我早就说过，你不会老待在这灶门口的，这回啊，你就放开手脚干吧，干好了，准能成大事。"

黄昏时分，军区侦察员报告，匪首李开江、张德振部残匪集结在杏树底村、柞木台子一带修筑工事，企图顽抗。

军区刘贤权副司令员决定，由第 2 团政治处主任王日轩率 1 营 2 连和 3 连、3 营 7 连、团机炮连和军区第 14 团一个连连夜出发，偷袭杏树底村，务求全歼敌人。

晚上 9 时，王日轩主任和 1 营教导员朱绪庆带领部队离开板院，在茫茫的夜色中，避开大路，沿着山路小径，踏着积雪，悄悄向杏树底村进发。

杏树底村坐落在一条东西走向的大山沟里，100 多户人家，房屋都建在板院河北岸地势较平坦的山坡上。村子东、南、西三面都是开阔的稻田地，两米多高的土墙把村子围了一圈，土墙里面用碗口粗的柞木加了木障，土墙四角耸立着日伪统治时期搞“集团部落”修建的炮台。围墙东西各有一个门，墙外是两三米宽的壕沟，沟外面的要道设有鹿砦、木障等障碍物。

这里是土匪的一个大据点，盘踞着李开江、高永安匪部的两个连，还有从青北寨、板院、马桥河、北甸子等地逃来的残匪，共约 400 人。匪连长郭富春和副连长康祥斌是杏树底本村人，另外一个连长许大虎、副连长王洪滨分别是青北寨和北甸子人。他们人虽多，但没有统一指挥，郭富春和许大虎之间也有矛盾，互不服气。但土匪们仍仗着墙高围坚、易守难攻，很是洋洋得意。匪首李开江命令他们死守到底，要与杏树底村共存亡。

土匪们占据村子，村里的老百姓可就遭了殃，百十户人家的一个村庄被折腾得鸡飞狗跳，苦不堪言。胆小的要出村躲躲，匪徒们以“不准去给共军通风报信”为借口，派兵把守东、西两门，谁也不让出村。全村百姓叫天天不应，叫地地不灵。

部队经过 6 个多小时的急行军，到达杏树底村北山时天还未亮。敌人在村周围的几个山头上燃着多处明亮的火堆，这是土匪怕我军偷袭而设的警戒分队。王日轩主任发现敌人已有准备，便当机立断，按预定方案转为强攻。命令 2 连迅速占领北山，然后由村北进攻；7 连迂回到村西；3 连直插村东占领阵地，断敌退路，并阻击双河屯增援之敌；第 14 团的一个连运动到村南山，实施佯攻；营指挥所设在村西北的一个山坡上，机炮连阵地设在北山一个凹部。各连明确任务后，迅速向指定位置运动。

当 2 连突击排向北山上运动时，被北山上的敌哨兵发现，尖叫着："有共军！"

匪徒们朝哨兵指的方向一看，见几十个"共军"正往北山上爬。

"快打呀！"匪徒们居高临下，举枪射击，机枪也"嗒嗒"地叫起来。

突击排被土匪火力压得趴在地上，子弹"啾啾"地钻进战士们附近的雪地里。

王日轩主任看到突击排受阻，立即命令炮火支援。顿时，一枚枚炮弹尖啸着落在北山山头，把匪徒们打得连滚带爬，朝山下跑去。

不一会儿，2 连战士冲上了北山，3 连也运动到了村东，7 连占领了村西进攻阵地。

村里的匪徒们听到枪炮声，纷纷上了围墙。许大虎、郭富春等匪首提着手枪转圈督战，他们嘶喊着，一边给匪徒们打气，一边严令坚决顶住。

此时，天已破晓，我军各连同时发起进攻。匪徒凭借围墙，居高临下，用机枪疯狂地扫射。各连组织的几次爆破都没有成功。

匪徒在围墙上高喊："土八路，有种的，往上冲啊！"

战士们气得直咬牙。杨子荣带领突击班，冲在队伍的最前面，也被土匪的火力压在离围墙 100 多米远的一条小沟里。

营指挥所命令炮兵向敌炮台和围墙开炮。一枚枚炮弹飞了过去，村中蹿起一股股浓烟，显然有几处民房也被打着了。

杨子荣趴在小沟里，除了枪炮声，还隐隐约约听到村内妇女和孩子的哭喊声，心里真不是滋味。他想，再这样打下去，马桥河、板院的惨景恐怕要重现。有没有别的办法让老百姓不夹在里头受苦呢？老百姓是不愿意在自己村里打仗的，许多匪兵也想洗手不干，如能利用我军的声威、群众的压力和土匪之间的矛盾，让土匪投降不是更好吗？

一个大胆的想法在杨子荣脑子里形成。他回头看了看地形，对我方很是不利，敌人的火力又封锁很严，向连部请示报告已来不及了。他相信全连干部战士对他是了解的，对他的行动不会发生误会。于是，果断地把步枪交给身边的两个战士说："你们别动，我进村子去劝土匪投降！"

两个战士吃惊地说："不行，班长，那太危险！"

杨子荣说："为了消灭敌人，保护老百姓，再危险我也认了，哪怕是死，也是值得的！你们赶快回去一个人向连部报告！"

说罢，杨子荣猛地从沟里站起来，趁敌人射击的间隙冲了出去。他手里挥动着一条白毛巾，一边朝村子西门跑，一边高喊："喂……弟兄们……不要开枪，我要找你们当官的讲话。"

土匪见沟里突然站起一个人来，挥动着白毛巾，一下子都蒙了，竟然忘记了射击。

我方阵地上的人不知道出了什么事，也都停止了射击。

7连连长猛地看见自己阵地前沿有个摇白毛巾的人在往敌人阵地上跑，咬牙骂道：“妈的！那是谁？”

一个战士从前边跑来，隔老远就大声喊着：“连长！……那是我们班长杨子荣去劝降的。”

“无组织纪律！”连长说道，“土匪是他儿呀？哪儿能听他的？”接着又对身边的通信员吼道：“还愣着干什么，快去报告营长！”

北山坡营指挥所里的人，也都看见7连阵地前沿有人举个白东西往敌阵地上跑，朱教导员心里咯噔一下，他担心是不是有人阵前“反水”，连忙对通信员小任说：“赶快到7连去问问怎么回事？”

小任飞跑下山，又飞跑着回来，上气不接下气地向教导员报告了杨子荣进去劝降的事，接着又说：“这是关里来的老同志，不会有问题。”

朱教导员听后吃了一惊，仍有些疑虑，担心杨子荣的行动能否成功。为了杨子荣的安全，他命令：“快给炮兵阵地打电话，停止往围子里打炮！”

杨子荣跑到西门附近，围子里的土匪还在发愣。一个土匪小头目看他赤手空拳，手里只举着白毛巾，突然明白过来，惊喜地向匪兵们大喊:“是来投降的，快开门，放他进来！”

围子的大门“嘎吱”一声开了一道缝，杨子荣闪身跨了进去。

闯匪穴降俘众敌立战功

杨子荣刚跨进围子大门，门“哐”的一声又关上了，两支黑洞洞的枪口顶住了他的胸膛。

匪头目凶恶地问道:“你来干什么的?”

杨子荣坦然自若地回答:“我是八路军的代表，你们被包围了，我来劝你们投降的！”

匪头目冷冷一笑，恶狠狠地说:“我看你是来送死的！”

杨子荣微笑说:“要怕死，我就不来了，既然来了，我就没把死活当回事！你们也不想想，就凭你们这点人，这么几条枪，就想挡住我们的进攻？说真的，我倒是为了你们不白白送死才来的！”他向周围扫了一眼，见匪兵们惊恐地看着他，就用胸膛顶开敌人的枪口，向前走了几步，对匪兵们说：“弟兄们，再打下去对你们没好处，我军的政策你们应该是知道的，只要放下武器，就保证你们的生命安全……”

匪头目听了杨子荣的话，吓得叫喊起来：“别嚷嚷，跟我到连部去！”

杨子荣知道匪兵们大都是受骗和被迫而来参加的穷人，容易接受我军的政策，瓦解了匪兵，匪首也就孤立了。于是他不顾匪头目的阻拦，趁机向匪兵们大声喊道：“弟兄们，你们看看村子四周，都被我们包围得严严实实，你们不投降，我们的十几门大炮就要把围子轰平了。想活命的跟我走，找你们的连长去。”

匪头目领着杨子荣往村子里走，后边跟着不少匪兵，他们小声议论着：“八路军的胆子可真大，一个人就敢进来，咱们谁也比不上……”

村子里的老百姓听说一个老八路进了围子，

都惊奇地从自家院门探出头来，看看这个八路是个什么样子，是吃了熊心豹子胆，还是长了三头六臂？怎么一个人就敢闯进来？

杨子荣看见群众感到很亲切，他一边走一边向大家打招呼：“老乡们，你们受惊了，不要害怕，我是八路军的代表，是来劝他们投降的！要是再打下去，你们的村子就要遭殃了！”

群众对这位老八路都很敬畏，一看他挺和气，就都走出院门，三三两两地跟着杨子荣往前走，有的小声地议论：“人家八路军真是好人，怕咱们老百姓受害，不顾死活闯进来劝他们投降！”有的说：“快叫他们交枪吧，再打咱们也得和马桥河、板院一样，倒大霉！”还有的说：“咱们村的郭连长、康副连长都好说，他们家也有老有小，都住在这，就怕青北寨的许大虎、北甸子的王洪滨不干……”

杨子荣听着这些议论，心里更有数了，群众痛恨土匪，土匪之间确实有矛盾，他决定利用群众的压力和土匪间的矛盾，先控制住许大虎和王洪滨。

匪头目把杨子荣领进一个院子，进屋去找连

长，结果人不在，然后对几个匪兵说：“你们好好看着他，我找连长去，别让他胡说八道！”

匪头目走后，匪兵和群众越聚越多，满院子都是人，杨子荣抓住这个时机，站到一个石磙子上大声讲道：“乡亲们，我们是共产党、毛主席领导的队伍，是来为穷苦百姓打天下的，我们把日本鬼子打败了，现在又来打土匪。我们的大部队已经把村子全包围了，再打下去，不仅他们全完蛋，你们村的老百姓也要遭害啊！我已经向他们说明白了，只要他们投降，不仅保证他们活命，全村的乡亲们也可平安无事！”

群众听了觉得很对，纷纷议论：“快让他们交枪吧！”

杨子荣喘了口气，又对匪兵们说：“弟兄们！你们都是有家有业、有老有小的，你们为什么要打仗，为谁卖命？你们帮那些大地主、伪警察、土匪打仗值得吗？他们欺压老百姓，你们还甘愿为他们去挨枪子？你们有的家在本村，打下去会怎么样？愿意看着你们的爹娘老婆孩子见阎王吗？你们有的家在青北寨、北甸子和板院，那里都被我们解放了，你们的家人都盼着你们回家团圆呢，可你们还在这里犯罪，你们对得起自己的父母兄弟吗？”

杨子荣的话激起了匪兵和群众的强烈反响，有的匪兵嘟囔着说：“咱们都被包围了，还打个啥劲，人家八路有大炮，轰咱们几炮就全完蛋……”

群众见有八路军在场，也大着胆子对匪兵们说：“你们还打个啥？等着爹妈来收尸啊！你们快把枪缴了吧，可不能再打了！”

有的气愤地说：“谁要打，就出去打，别临死还抓咱们老百姓垫背！……”

这时忽然有人说：“哎，邱会长，这个节骨眼上，你倒是出个头啊！”

杨子荣一听赶忙问：“谁是邱会长？”

“我是！我是！”邱会长站出来不住地向杨子荣点头哈腰。

杨子荣打量着这个50来岁、油滑世故的男人，讽刺地说：“你就是邱会长？久闻大名啦！”

“不敢当，不敢当！八路军抗日除暴，秋毫无犯，威震天下，名扬四海，鄙人佩服！长官有何吩咐，在下一定效劳！”邱老六油嘴滑舌地说。

杨子荣听了严肃地说：“那好，我个人不需要你效什么劳，但我要提醒你，你既是本村的维持会长，就应该为全村的乡亲们负责效力，当然也要为你自己考虑。郭连长和许多弟兄都是你们村的人，你要劝他们放下武器，不然，等我们部队打进来，你也别想活命！”

“我明白，明白！眼下的局面鄙人看得清楚，长官有事尽管吩咐，在下一定照办，一定！”

“那好吧，你马上去准备几面白旗，一会儿插到围墙上去！”

“是！是！马上照办。”邱老六擦着汗走了。

这时，4 个土匪头子提着手枪奔了过来，为首的一个膀大腰圆，满脸横肉，气势汹汹地用枪对着杨子荣的脑袋吼叫道：“住嘴，不许你在这里宣传，不许你扰乱军心，煽动百姓！”

杨子荣见来的 4 个匪首，头一个杀气腾腾，第二个皱着眉头，后面两个有些神色慌张。他断定头一个就是许大虎，决定先打掉他的凶气。于是把腰一叉，对他上下打量了几眼，单刀直入地说：“这么说，你就是许大虎吧？”

许大虎一愣，握枪的手哆嗦了一下：“我就是，怎么样？”

杨子荣没理他，换了口气又对那个皱着眉头的匪头说：“你是本村的郭连长？”郭富春也是一愣，赶紧点了点头。

杨子荣的目光扫视了其他两位，虽然没点他们的名字，可王洪滨和康祥斌也很不自在。

杨子荣指着围墙上被我军炮弹击中的炮台厉声说道：“你们都看见了，杏树底村已被我军团团包围，硬打下去会是什么结果？为了保护村里的乡亲们，也给你们兄弟一条活路，我们的十几门大炮才停止了射击。只要你们放下武器，我可以保证你们的生命安全，从宽发落。愿走哪条路，你们自己选择！”

许大虎听了大声叫嚣：“你别吓唬人，老子见多了，叫老子投降没门！我看你还是快投降吧，别找死！”他调整了一下持枪的姿势。

杨子荣仰起头哈哈大笑：“告诉你，姓许的，怕死我就不这样见你。你不要充硬汉，郑云峰怎么样？还不是被我们活捉了。赫赫有名的马喜山又怎

么样，被我们打得比兔子跑得还快。就你们几个？哼！”说完一把推开许大虎的手枪。转脸对村民们说：“乡亲们，青北寨的许大虎不同意交枪，要在你们村打到底，你们答应不？”

“不答应，他要打，就叫他回自己村里去打吧！”群众乱哄哄地嚷起来。

杨子荣抬起手臂，指着那些匪兵说：“许大虎，你再问问他们，有几个愿意跟着你去送死的？”

许大虎看到匪兵们都用责备的眼光看着他，心里一阵恐慌，脑门上冒出了汗珠。他瞪了一眼王洪滨，王洪滨硬着头皮装腔作势地吼叫道：“他们都是我们的弟兄，都听我们指挥！你能怎么样？”

杨子荣轻蔑地笑了笑：“听你们指挥？你们拿他们的生命当儿戏，拿鸡蛋往石头上碰，他们能甘心听你们的摆布？再说郭连长、康副连长，他们愿意把自己的村子打个稀巴烂，落个千古骂名吗？”

郭、康两个匪首没有吱声，默认了。

许大虎色厉内荏地吼叫着：“有高团长、李团长的命令，谁敢不听指挥？”

杨子荣怕郭连长被许大虎镇住，就大声斥责

他："许大虎，你别做梦了，别说高永安、李开江这两个小团长，就是谢文东、李华堂这些什么上将、司令，也不过是菜板上的一块肉，我们很快就会吃掉他。我警告你，别不识抬举！"

"对，对，许连长，识时务者为俊杰呀！"这时邱老六抱着几杆白旗回来了，讨好地放到杨子荣面前。又壮着胆子哀求许大虎说："许连长，看在我们杏树底村 600 多条人命的分上，你们……你们就放下枪，'和解'了吧！"

"我……毙了你！"许大虎见邱老六拿来白旗，更加火冒三丈，气急败坏地用枪顶住邱老六的脑门，吓得他筛糠似的跪在地上，哆哆嗦嗦地发着哭声说："许连长，我可是好意啊，是为了全村的老百姓，也是为了你青北寨的弟兄啊！"

杨子荣见状大喝一声："许大虎，你少耍威风，有本村的郭连长在这儿，你逞什么能？"

郭富春正在考虑若不投降就没有好下场，见许大虎在自己的地面上耀武扬威，欺辱本村的维持会长，太伤他的脸面。又见有八路军撑腰，就拦住许大虎说："姓许的，打狗还看主人呢，你还是见好就收吧！”

“你想咋地？”许大虎瞪着眼睛。

“你敢咋地？”郭富春也不示弱。

两个匪首都端着手枪，怒目相对。王洪滨和康祥斌也端着枪各站一边，剑拔弩张，眼看就要火并起来，匪兵和群众一阵骚动。

如果两伙匪徒真的火并，必然两败俱伤，不仅使劝降计划落空，还会造成群众大量伤亡。杨子荣灵机一动，大声说道：“弟兄们，大家都不要动肝火，这样吧，愿意打下去的就跟许大虎他们去打，不愿去白送命的，就把枪放在这儿。愿意参加八路的我们欢迎，不愿意的可以回家，大家自己决定吧！”

“好哇！我不愿意打了，我交枪！”一个中年匪兵走过来，把枪放到杨子荣面前的空地上。

邱老六这时也壮了胆，从地上爬起来，向匪兵们作揖说：“弟兄们，为了自己的脑袋，为了杏树底村的三老四少，弟兄们交枪吧！”群众看他出面说话，也纷纷叫喊着：“弟兄们，快交枪吧！”

一些老人、妇女们也都涌过来，拉着劝着匪

兵们往地上扔枪，匪兵们正盼着这一招，纷纷挤过来交枪。一时噼里啪啦，枪扔了一地。郭富春和康祥斌也交了枪。

许大虎惊得呆若木鸡，愣在那里不知所措。杨子荣大喝一声："许大虎，你还不见好就收！"

这一吼，给了他一个台阶下。许大虎见大势已去，跺了一下脚，"唉"地叹了一口气，无可奈何地把匣枪扔到杨子荣面前，两手抱着脑袋蹲到地上。杨子荣又瞪了王洪滨一眼，王洪滨吓得脸色煞白，默默地把枪也扔到了地上。

杨子荣见劝降大事已成，立刻对郭富春、康祥斌说："郭连长、康副连长，你们赶快把白旗插到围子上去，再把枪收拾起来架到街上，集合弟兄们整队，打开东西大门，迎接我们的大部队进村。谁要捣乱，绝没有好果子吃！"

"是！是！"匪首们按照杨子荣的命令执行去了。

杨子荣从上午8时多进村，一直到接近中午，两三个小时过去了，营指挥所的领导都很焦急，更为杨子荣的安全担心。在杨子荣进村后，隐蔽的部队趁机向前运动到围子附近。这时见围子上突然插起几面白旗，知道杨子荣说降成功，朱教导员惊喜万分，立即命令号兵吹起进军号。

部队从东西两个大门浩浩荡荡地开进了村。只见郭富春、许大虎等匪首带着400多名匪兵，列队站在街上。4挺重机枪、6挺轻机枪、2门平射炮、4门迫击炮、8个掷弹筒、300多支长短枪和大批弹药，整整齐齐地架在空场上。杏树底村解放了，一片喜气洋洋，村民们忙着为部队倒房子，烧水做饭，战士们也忙碌起来，有的管理俘虏，有的清点战利品。

王日轩主任和朱教导员进了村，7连连长和指导员高兴地向他们介绍杨子荣。王主任紧紧握住杨子荣的手说："杨子荣同志，你可为人民立了大功呀！我代表营党委对你的突出贡献表示祝贺和感谢，马上报告团部给你请功！"

杨子荣受到首长的热情赞扬，腼腆地说："请什么功啊！首长，我这次行动没来得及请示报告，就……"朱教导员赶忙说："杨子荣同志，你没有错，事实证明你做对了，一定给你请功！"

战友们都围过来，纷纷和杨子荣握手：“杨子荣同志，向你学习！”

杏树底村战斗的胜利，给敌人以极大震慑，也成为北路剿匪的转折点。

战斗刚一结束，军区刘贤权副司令赶到杏树底村，对取得的胜利和杨子荣同志的功劳给予了高度的赞扬，同时命令部队趁热打铁，不给土匪喘息之机，决定乘胜向柞木台子、双合屯发起进攻。

残匪闻风丧胆，不敢抵抗。我军派警卫排排长赵轩带两名战士进村送劝降信，迫使敌人投降。除匪首高永安逃窜外，匪团长李开江、张德振以下400余人全部缴械投降。

杏树底村一战，杨子荣荣立特等功，被评为“战斗英雄”。

躬身力行感化“解放兵”

牡丹江北部地区剿匪战斗的胜利，打通了海

林以北牡丹江至佳木斯铁路交通线。第2团又回到海林镇休整。

队伍一到镇边，乡亲们都争着出来迎接子弟兵。青年民兵孙玉琢在队伍里找到杨子荣后，拉着他的手就往家走。旁边的战士说："杨子荣现在不是炊事员了，是班长，是大英雄。"

当晚，乡亲们听说在杏树底村只身闯敌寨，劝说400多名土匪投降的英雄杨子荣就住在本村，大家都想看看这个英雄到底长啥样。当人们发现原来就是做饭的"老杨头"时，都赞叹不已。一位白胡子老人走上前，拉住杨子荣的手，细细地打量着他，连声说道："了不起！了不起！"

杨子荣连忙解释说："乡亲们，这都是共产党和革命军队领导得好，咱是借革命军队的威力，才镇住土匪的。就凭我一个人，能干啥呀？就是根好木头，又能劈几块柈子？"

老人激动地说："小伙子说得好！我们穷乡僻壤，祖祖辈辈也跟胡子斗过，可是没人领着，不抱团，也没整出个啥名堂。"

听到这里，杨子荣向乡亲们说："乡亲们，共产党是咱穷人的大救星，只要咱们团结起来，跟着共产党走，咱们的日子就会越过越好！”

这时第 2 团接收了一批“解放兵”，3 营 7 连分配了 20 名。连长和指导员商量，先把他们单独编成一个班，集中搞一段军政训练，然后再分下去。由谁来担任这个班长呢？连长和指导员不约而同地想到了战斗英雄杨子荣。

一天晚上，杨子荣被通信员叫到连部，连长和指导员向他交代了训练新兵的任务，杨子荣愉快地答应了，连忙问道：“什么时候去？”

连长说：“今晚就去。杨子荣同志，任务不轻啊。打仗时，我们拿你们班当尖刀，这回又让你当尖刀了。”

指导员笑着说：“相信通过你的教育，能够很快地转变他们的思想。你先回去准备一下，我马上带你去。”

杨子荣急急忙忙回到班里卷铺盖，战士听说班长要走了，都依依难舍，抢着背背包，争着要送。

一群老兵跟着指导员簇拥着杨子荣来到新兵

班，“解放兵”都齐刷刷地站了起来。指导员向他们简单介绍杨子荣的情况后，便和来送行的 1 班战士们离开了。

杨子荣送完指导员回到屋子，听到“解放兵”们还在不停地议论。一个解放兵正绘声绘色地说：“知道吧，就是他，一个人进俺杏树底村，当时啊，我就在场，人家那勇敢劲儿，刀搁脖子上都不眨眼的……”

杨子荣扫视了一遍这些兵，说道：“同志们，大家可能也听说了这事儿，那都是集体的力量，这道理，你们以后慢慢就知道了。天不早了，都准备睡觉吧。”

大家打开背包准备铺被子。因炕小睡不下，杨子荣就把年龄小的安排在炕上，年龄大一点的安排在炕下。安排好了之后，他把自己的被子放到靠门口的地铺上。

战士们互相看看，靠在最里头的那位战士不好意思地说：“班长，你还是睡这里来吧。”

杨子荣说：“不用了，班长睡门口，这是咱八路军的传统。”

杨子荣待战士们睡下后，自己也钻进了被窝。连日行军，他虽然十分疲劳，但却毫无睡意。连里补充的这 20 个“解放兵”，特意让他来带，进行政治训练，他既感谢连长对他的信任，又感到这副担子确实不轻。这些兵都是投诚来的，他们在那边挨打受骂受欺压，也不同程度地染上了匪气。要想在短期内把他们带成合格的八路军战士，这绝不是一件容易的事。

刮风了，吹得窗户纸呼啦啦地响。杨子荣爬起来，挨个地看看战士们被子盖得严不严。检查完毕，又钻进被窝。门缝里刮进的风，像刀子似的往他脸上扎。他把身子往下缩缩，扯起被子把头蒙住。

天刚蒙蒙亮，杨子荣就起来了。他从房东的仓房里找来扫把、铁锹，招呼战士们起来打扫院子。

新兵们睁开眼看着杨子荣，实在不愿离开热被窝。有的嘟囔说：“当八路就当八路呗，整这事干啥？”

杨子荣笑笑说：“咱们是老百姓的队伍，老百姓的队伍不为老百姓做事，去为谁做事？”

新兵们听后，连忙起来穿衣服叠被子。杨子荣给新兵们分了工，铲雪的铲雪、扫院子的扫院子，又亲自领着人到井台上去挑水。

房东老大娘赶紧出来，对杨子荣说：“杨班长，你们刚打完仗回来，也不睡个好觉，快别整了，别整了。”大娘说着就夺这个的锹，又夺那个的扫帚，夺来夺去谁的也没有夺下，急得大娘朝屋里喊：“老头子、柱子，你们还不赶快出来，让人家同志在这儿受累。”

杨子荣笑着对大娘说：“大娘，我们住到你家里，都是一家人。我们干点事，也是应该的。”

整个院子收拾得差不多了，杨子荣招呼大家歇手。房东大娘走出屋，对杨子荣说：“杨班长，快叫同志进来洗脸，我烧了一大锅热水呢！”

杨子荣说：“大娘，俺是当兵的，洗惯了冷水脸。”

大娘听后，装出不高兴的样子，说：“孩子，你今儿要是不听我的，以后就别再叫我大娘了。”

“好，好！听您的，听您的，大娘！”

这时，新兵小李子突然呜呜地哭了起来。杨子荣上前亲切地询问，房东大娘也跑过来问：“孩子，咋的了，有话慢慢说。”

小李子擦擦眼泪说：“在那边的时候，当兵的见了老百姓，不是打就是骂；老百姓见了当兵的，就赶紧关门闭户，哪像今儿个，呜呜……”小李子又哭了起来。

杨子荣听到这里，拍拍小李子的肩膀，说：“小李子呀，这就是共产党和国民党、八路军和土匪部队的根本区别啊。军队打胜仗，人民是靠山呐！”

其他战士眼窝也都湿润了。他们在那边听头头们说：共产党共产共妻，被共军抓住了要被挖眼掏心，过来后才知道那些都是骗人的瞎话。在八路军队伍里，有好饭好菜先让当兵的吃，行军时干部抢着给体弱的战士扛背包，睡觉时班长总是睡门口，夜里还给战士盖被子、烤鞋，当爹妈的也做不到这个份上啊，共产党领导的革命军队就是不一样，特别是看到杨子荣对他们像亲兄弟一样亲，房东老大娘对他们像亲生儿子一样好，更让他们感动不已。

早饭过后，杨子荣带着新兵进行野外军事训练，新兵们一个个兴高采烈地唱着班长教的新歌《三大纪律八项注意》，迈着整齐的步伐，精神抖擞地走出村镇，许多百姓用惊奇的眼光看着他们。新战士们从未感受到这种被尊重的感觉，训练时特别认真和卖劲。

训练休息时，杨子荣就给他们讲故事，讲八路军抗日英雄的故事，讲与土匪作战的故事，他讲得生动有趣、活灵活现，战士们听得全神贯注。训练结束后，杨子荣带领他们来到山里一人捡了一大捆柴火，把房东老大娘院子堆得满满的。

晚上，杨子荣组织诉苦会，他首先讲了自己过去吃过的万般苦、遭受的种种难，直到参加八路军后，才过得像个人样儿。他说："共产党是人民的大救星，八路军是帮穷人翻身的队伍。能成为八路军队伍中的一员，是最正确的选择，是无上光荣的。"战士们也纷纷讲起家里受地主欺压、自己在国民党军队和土匪队伍里的遭遇，引起了强烈的共鸣，许多战士听后泪流满面，表示一定要在八路军队伍里好好干，为解救仍在受欺压的老百姓，牺牲一切也在所不惜。

在新兵集训的半个多月时间里，杨子荣用行动教育、感化这些曾受过欺压的“解放兵”，让他们切身感受到，在人民军队里，官兵是平等的，干部、党员们没有私利，总是吃苦在前，享受在后，使他们不仅非常感动，而且从心底里服气。通过杨子荣言传身教和政治课的学习，让战士们知道了什么是人民军队的宗旨和“三大纪律八项注意”，知道了他们从来没有听说过的只有“好人”“善人”才能做得出的事情。

一天晚饭后，一个大个子兵见到杨子荣“嘿嘿”直笑，杨子荣关切地问他是不是有什么事。大个子兵神秘地说：“班长，我和你说实话吧，刚来时，我还想着逃跑呢。”

杨子荣问：“为啥？”

大个子兵抓抓脑袋说：“嗨，对咱队伍信不过呗！”

杨子荣反问道：“噢？那现在呢？”

“现在？嘿嘿，就是拿棍子撵，我也不走了！”

勇担侦察重任

1946 年 3 月末，牡丹江军区决定将第 4 团并入第 2 支队，第 4 团的原朝鲜族营并入第 1 团，其余并入第 2 团。

第 2 团新来了一位团长叫王敬之，他就是在东京城被匪首马喜山重重包围，始终坚守、顽强抵抗的原牡丹江军区第 4 团副团长。

王敬之副团长在送别朝鲜族营时，想起年初在第 2 支队到来之前的那些艰难的日日夜夜：牡丹江军区新收编的十几个团突然叛变，他所在的第 4 团也“四面楚歌”。那天，他和团政委邹世寰带队去马莲河迎战匪首马喜山，战斗刚打响，政委就被自己队伍里的人打了黑枪。叛匪们还把从关里调来的老红军、老八路一个个抓去杀害，残忍至极……当时他和 2 营营长借口到村边察看地形，趁敌不备，带着警卫员等人策马而逃，才免遭残害。后来多亏在朝鲜族营的帮助下，他和参谋长罗绍福等人带着部分队伍才顽强地坚守了下来，直到第 2 支队来解救。他在掩埋政委邹世寰等同志的遗体时，曾暗暗发誓，一定要剿灭匪患，为战友报仇。现在他来到第 2 团任职，更有机会兑现他的誓言了。

面对茫茫林海，匪徒出没犹如鱼游大海。要想尽快消灭狡猾的敌人，团里必须建立一支精干的侦察队伍，随时侦察匪徒的行踪。由谁来领导这支侦察队呢？王团长自有他的标准和要求，必须智勇双全、精细果敢。

王团长在听取政治部主任王日轩汇报关于北路剿匪情况时，听到杨子荣独闯敌寨，说降 400 多名匪徒的事迹，心里不禁暗暗高兴，觉得杨子荣就是他急于要找的那个人。于是，迫不及待地要见见这位虎胆英雄。

这天下午，7 连连长和指导员陪同王团长来到新兵班。杨子荣见有首长来，就带着战士们迎了出来。

连长笑着向大家介绍说：“这是咱们团新来的

王团长，专门来看望大家的。”

杨子荣赶紧领着战士们鼓起掌来。

连长又指着杨子荣给团长介绍说：“这就是我们1班班长杨子荣同志，现在正带着新兵进行集训。”

王团长目不转睛地看着杨子荣，杨子荣被看得不好意思，咧嘴笑着说：“首长，请指示！”

“嗯，好！好！”王团长连声赞许道。于是，他让新兵们坐下来，亲切地和大家拉了一会儿家常。杨子荣显得很拘束。王团长说：“杨班长，我也是山东人，咱们是老乡。老乡见老乡，两眼泪汪汪！”杨子荣听了嘿嘿直笑。

杨子荣说话时一口一个首长，团长又说：“咱俩岁数也差不多，我当团长，你当班长，都是带长的。”说得杨子荣鼻子发酸。因为，毕竟一个班长和一个团长也差得太远了。

王团长和连长、指导员走了不久，杨子荣就接到通知，要他去团部报到。

新兵们听说班长要走了，都哭了起来，围着杨子荣，有的说“杨班长，你不走行吗？”有的说

“班长，啥时才能见到你呀！”一个个哭得眼圈红红的。

杨子荣到了团部，王团长和曲波副政委向他交代了一项新的任务：组建团直属侦察班，由他担任班长。杨子荣听后非常激动，同时感到担子很重、任务很艰巨。

侦察班从各营连挑选了一些精明强悍的东北籍战士来当侦察员。人员组建完毕后，杨子荣就带领大家抓紧学习侦察本领，除练习各种枪支射击、投弹等军事技术和学习军事常识外，还要练习乔装打扮，学习与各种人打交道，了解当地的风土人情。杨子荣对侦察员的要求非常严格，不仅军事技术、侦察本领要过硬，政治思想觉悟也要足够高。

孙大德是参军不久的新战士，吉林蛟河人，伪满时期被抓到汪清县当劳工，日本投降后参加八路军在第2团当战士，被挑选到侦察班时，特别紧张地对杨子荣说：“班长，我当兵时间不长，也没当过侦察员，能行吗？”

杨子荣拍着他的肩膀说道：“不要紧，干着学，我们都是从实战中摸索出来的，只要认真，就能干好。现在剿匪是最紧迫的任务，我们侦察员是部队的耳目，所以任务艰巨、责任重大啊！”

有一次，杨子荣单独出去侦察匪情，凭着几颗手榴弹和一支20响匣子枪，活捉了18个土匪。他把土匪的步枪枪栓全部卸下来，放在一个屯子的农民家里，让土匪自己背着空枪和子弹，押回到部队。杨子荣派孙大德连夜去那个屯子取回枪栓，孙大德翻山越岭，来回走了七八十里路，赶在天亮前把枪栓取了回来，受到杨子荣的表扬，称赞他是“孙长腿”，是个好侦察员。此后，只要一有任务，杨子荣就说：“走，孙长腿，跟我出发！”

一天，杨子荣派孙大德去海林镇南边侦察匪情。他化装成打柴的农民在山里转了大半天，直到肚子饿了才下山，来到村里一个熟悉的老大娘家要点饭吃。饭菜刚端上桌，突然进来一个年轻女人，她一屁股坐在孙大德的对面，冲着老大娘说：“我饿啦，给我弄点吃的吧！”说完就拿起桌子上的东西吃了起来，好像在自己家里一样随便。

孙大德有些疑惑，于是问道：“你是这家的吗？我怎么没见过你？”

“我是东村的，这是我舅妈家。”那女人一边吃一边回头看着老大娘，又转脸问孙大德：“我也不认识你呀！”

“前几年我在这屯帮工，常在这里搭伙。”孙大德编了几句嗑应付她。

这时老大娘给孙大德使眼神说：“你到院里帮我抬点东西。”

孙大德放下饭碗，跟老大娘走出屋，老大娘一把抓住孙大德的胳膊，小声对他说：“她是胡子头。”

孙大德一听，立马从腰里抽出匣子枪，一个箭步冲进屋里，但那女人已推开后窗跑了。孙大德也跳出窗户，爬上山坡，穿过树林子，可连个人影也没看见。一个女土匪头子，竟从他的眼皮子底下跑了，孙大德感到很内疚。

他回到班里把情况向杨子荣作了汇报。杨子荣叼着旱烟袋，静静地听他讲完，然后心平气和地说：“大德，敌人同你一个桌子吃饭，还让她跑了，这确实是个错误，应该吸取教训！”

孙大德后悔地说道：“没想到，这土匪娘们儿胆子还真不小呢！”

杨子荣觉得孙大德这次行动失误很典型，需要大家从中吸取教训，于是，他在全班对这件事作了深入细致地分析。他说：“敌人终究是敌人，胆子像狼，狡猾得似狐狸。我们侦察工作就要有一双识破敌人的慧眼。

第一，我们出去搞侦察，如能抓着一个‘舌头’回来，任务完成才算圆满。这个思想必须明确，不然，就是碰到了敌人也抓不着。

第二，见到陌生人，脑子里首先要分析，这个人是干啥的？通过对他的行为、举止、讲话、习惯的观察，快速判断是敌人，还是自己人，还是普通老百姓。如看不出来，就用一句我们军队的常语，或说一句土匪的黑话，套一套他，就可试探出对方是什么人了。

第三，老大娘在孙大德正吃着饭时，叫他出去抬东西，这说明老大娘的用意不寻常，为什么不能等吃完饭再抬呢？只要稍微动一下脑子，从老大娘的语气和动作上就能领会到，这个女人可能有问题。

第四，当孙大德出屋跟老大娘说话的工夫，也不过半分钟吧，女土匪能跑得那么快吗？孙大德这个长腿撵上去，连影子也没见着，那就说明她出了窗子不是直向山坡跑的，而是向左或右跑的，也许是躲藏在什么地方了。这时，我们应该一跳出窗口，先朝山坡看一看，看不着就不用追上去了，因为在山坡下朝上看不着，爬上去也不会找到她，而是应该在老大娘家的左右周围搜索。”

杨子荣分析得十分具体，有条有理，使大家深受启发和教育。最后杨子荣诚恳地说：“同志们，我们当侦察员的，要有一个灵活的脑袋，可不能有半点麻痹呀！不要太死心眼，多动脑子才能圆满完成任务！”

二次侦察灭“四恶”

1946 年 5 月，第 2 团奉命由海林西移，进入牡丹江西部珠河、苇河、一面坡等地进行剿匪。

团部设在苇河镇，当地老百姓欢天喜地，热情接待又回来了的“关内八路军”。

一天，杨子荣曾住过的房东老大娘家里来了一位亚布力后堵村的亲戚，说他们村来了一股土匪经常祸害百姓。老大娘听后，赶忙拉着亲戚来到团部，找到杨子荣把这一情况告诉了他，请求部队去把那些土匪剿了。

杨子荣立刻向团长作了汇报。团长说：“你先带人去侦察一下，把情况弄清楚后，直接向前几天开到亚布力的 1 营和曲副政委报告。”

杨子荣带着两个侦察员连夜出发了。

团部离亚布力后堵村 30 多公里，杨子荣等三人踏着冻融翻浆后的山路，艰难地跋涉前进。第二天，他们来到亚布力后堵村边的小山上，远远观察到这个村子有一圈围墙，村口还有人站岗。杨子荣决定让两个侦察员在山上观察，自己乔装成打柴的老乡进村去侦察。

杨子荣背着一大捆柴火向村口走去，因柴火捆得太大，几乎遮盖了整个身子。他走到村口时，吃力地仰起头，朝村口站岗的点了点头。

站岗的朝他骂道："你不要命啊，一次打这么多。"

杨子荣咧咧嘴，一步一步地朝村中挪去。他看到许多人家的院子里住有匪兵，没有贸然闯进，待走到一个破败的院落前，见里面冷冷清清的，便伸手敲了敲门。

门开了一条缝，一个衣衫破旧的老人立在里面，惊恐地望着他。

"老大爷，我给你送柴火来了。"

老人不知道来的是什么人，正犹豫不决，杨子荣用身体一撞，便进了院，放下柴火后，伸手把门掩上。

"你是……"老人问道。

"老大爷，快进屋。"说着，杨子荣进了屋。屋里空空的，炕上一张破席，一床乌黑的破被卷在炕头上。

"老人家，家里就您老自个儿？"

老人见说话的人倒还和气，便点点头。

杨子荣小声对老人说："老大爷，你们村里住的什么队伍？"

"胡子！"老人气呼呼地说。说完，老人又立马警觉起来："你问这干啥？你是干啥的？"

杨子荣走近老人，轻轻地对他说："我们是来打胡子的，是八路军，共产党领导的队伍。"

老人一听，狐疑地看着他，追问道："你们有多少人？"

"多着呢！"

"那好！"老人告诉他，村里住有胡子四五百人，为首的是许福、许禄、许祯、许祥"许氏四杰"。他们自头年冬天占据这里后，把村子里的百姓给折腾苦了。自己的儿子被抓去当匪兵，因不愿意干，被活活打死。儿媳妇被土匪糟蹋后上吊自杀了，老伴也给气得一命归天。老人说完，咬牙切齿地骂道："这些不得好死的东西！"

杨子荣也把牙齿咬得咯咯响，抓住老人的手说："老大爷，我们来给您报仇。"

杨子荣又问了一些情况，便告别老人，悄悄溜出村子，上后山找到留在山上的两位侦察员，一起往亚布力奔去。

曲副政委听了杨子荣汇报，决定率领1营袭

击亚布力后堵村，出其不意地歼灭“许氏四杰”股匪。

这天拂晓，1营悄悄地插到了亚布力后堵村附近，曲副政委正准备把队伍散开包围村子，杨子荣说：“上次侦察又过去两三天了，敌情会不会有变化？我再进去侦察一下。”

曲副政委同意了杨子荣的提议，命令部队隐蔽起来。

杨子荣悄悄摸到村子边上，瞅空钻了进去。他找到那座破院，见到那老人：“老大爷，我们的人来了！”

老大爷连忙说：“哎呀，我正怕你们来呢！昨天晚上，屯里又开进来四五百个胡子，我怕你们来的人少，要吃亏。”

“知道他们从哪里来的吗？”

“不知道。”老人想了想又说，“听说是郑三炮，还有什么‘一枝花’。”

杨子荣吃了一惊，他向老人道了谢，出门观察了一会，见村口设的是双岗，便找没人的地方翻出村子，朝部队隐蔽的地点跑去。

曲副政委听了报告，连声说“好险！”他找来1营营长和杨子荣一起商量，决定留下一个排在附近监视土匪动向，其余部队后撤。杨子荣立即去团部向团长报告，请团里再派部队过来，一同会剿这股土匪。

杨子荣又马不停蹄地回到团部，向团长报告了匪情的变化情况和曲副政委设想的战斗方案。团长决定立即亲自带3营前去会剿，同时派人回海林，通知罗副团长加强留守部队的警戒，防止土匪偷袭。

杨子荣走在队伍的前面，团长把自己的马牵过来，硬逼着杨子荣骑上去，他来回几趟太辛苦了。

拂晓前，第2团的两路人马在亚布力后堵村会合了。警戒排的排长报告说，村里的敌情没有发生变化。团长、副政委一合计，决定在天亮前立即发起攻击。

亚布力后堵村还在沉睡中。杨子荣带着侦察班向村口快速接近，在他们的身后，1营和3营从两翼包抄过去。

村口两个哨兵缩着头在一棵枯树下来回游动。

杨子荣悄悄地扑了上去，来了个背后锁喉，将一个哨兵制伏。同时，侦察员孙大德、魏成友扑向另一个哨兵，恰逢敌哨兵转头，在孙大德将匕首刺向敌胸膛时，哨兵的枪也响了。枪声划破了黎明的宁静。

顿时，枪声四起，第2团官兵如下山猛虎冲入村庄。村东边一个屋里的土匪被枪声惊醒，胡乱地穿上衣服，正跑去取枪，门“嘭”的一声被撞开了，几个战士冲进去大声喊道:“不许动，举起手来！”几支黑洞洞的枪口对准土匪胸膛，土匪们一片嚷嚷“我投降！我投降！”

另一个屋子里，几个衣冠不整的土匪急急忙忙地扛着机枪冲上房顶，发疯似的向冲锋的部队扫射，使进攻村子的战士受阻。战士们只好利用断墙、石碾、屋角与敌人对射。先进入村子的几个战士，从房后悄悄地接近房顶，向正打着机枪的土匪扔去几颗手榴弹，机枪打哑了，战士们潮水般地冲了进来。

一群匪徒在一个房间里固守，战士们凭借院墙猛烈射击，双方僵持不下。这时杨子荣冲了过来，他扒着墙看了看，从身边战士的腰间拔出一颗手榴弹，猛地一滚滚到窗下，将手榴弹拉开弦，嗞嗞几秒钟后，顺手撂进窗内。随着手榴弹的爆炸，屋里传出一阵惨叫，接着便是求饶声："别打了，别打了！"几支枪从窗口里扔了出来。

村西铁路边的扳道岔房，被土匪改成了碉堡，土匪又用一些横木、拌子搭成掩体，横在铁路高高的路基上，几挺机枪架在里面，朝进攻部队疯狂地扫射。正在碉堡里的郑三炮，兴奋得两眼放光："给我狠狠地打，我郑三炮说话算数，这一仗打赢了，让你们好好痛快3天！"

"一枝花"也跟着在边上高兴得吱哇乱喊。

村西头进攻的部队被压制在路边，已有许多战士牺牲在阵地前。杨子荣和侦察兵赶到时，7连连长正急得抓脑犯愁。正在这时，收柴火的老人跟随几个战士赶了过来。

老人凝神看了看土匪的工事，说："有办法。你们多来些人，跟我走。"

杨子荣带着部分战士跟随老大爷顺着铁路走进林中，在一个山洞前，老人使劲搬动洞口的柴火，大家也都帮着搬，里面露出一个小火车头来。老大爷指着说：“用这家伙，行不行？我开！”

杨子荣明白老人的用意，紧紧地握着老大爷的手，连声道谢。

老大爷指挥人把一些木样子搬上车头点上火，又让人去往车上运水。经过一阵子的忙活，火车头发动起来了。杨子荣指挥大家爬上车头和后面的一节车厢。火车头拖着白烟，朝扳道房开去，冲开了木样子构成的掩体，匪徒们死的死，伤的伤，其余的连滚带爬争着逃命。

碉堡里的土匪一时不知所措。郑三炮高喊道：“打火车！”随即夺过一挺机枪猛扫。小火车喷吐着白烟向前冲去，撞开了路基上的木头工事，飞起的木头将扳道房撞垮了一个角。躲在车头和车厢里的战士用机枪、冲锋枪暴风雨般地扫射。郑三炮恶狠狠地叫骂道：“妈了个巴子！许家兄弟死哪里去了？”

他见招架不住，命令道：“快撤！”扳道房里的土匪冲了出来，跟着郑三炮和“一枝花”落荒而逃。

枪声渐渐稀疏下来，部队开始打扫战场。各

连捷报传来，许氏四兄弟全部被活捉，除击毙的土匪外，其余全部被俘。同时还抓到国民党将领杜聿明亲自派到牡丹江任武装总指挥的赵专员。经审讯，他供出了各地股匪有关组织机构和作战计划等重要情报。

亚布力后堵村剿匪战斗结束后，第 2 团在苇河召开公审大会，根据群众的要求，立即将罪大恶极的许福、许禄就地处决。

夜袭东宁城　俘“吴家三虎”

1946 年 5 月 1 日，牡丹江市东宁县保安大队在匪旅长王枝林及匪帮“吴家三虎”和国民党特务的策动下发动叛乱，他们里应外合，袭击东宁县政府，杀害县长、公安局局长和战士。第二天，王枝林匪部在大甸子又杀害我军民 100 余人。5 月 4 日，王枝林匪部与隐藏在绥阳县绥芬河区公安分局内部的“复兴维持会”残余分子相勾结，袭击了我公安分局，又将区长、公安分局局长、公安大队大队长残忍杀害。接着，他又派特务拉拢绥阳县保安大队大队长卢凤岐，策动保安大队叛变。5月8日，王枝林派匪营长孙忠魁和江开山（外号江左撇子）带领匪军进攻绥阳县城，大肆残杀我军民，制造了血腥的“5·8”绥阳暴乱。

为平定牡丹江东部匪乱，牡丹江军区决定将进驻珠河一带的第2团调回，与军区副司令员刘贤权率领的第1团一部及第14团一部会合，火速东进，消灭绥宁地区之敌。

部队接到命令，一路征战，首先攻下穆棱城，继而激战马桥河、细鳞河，解放绥阳，一直打到中苏边境的绥芬河，把进攻的矛头直指东宁县城。

6月10日，部队在绥芬河短时休整和补充弹药后，刘贤权副司令员决定兵分两路，第一路为第1团、第14团及牡丹江炮兵学校编成的炮兵1团和战车大队，从正面进攻东宁；第二路为第2团，由绥芬河向西南绕过东宁，然后再迂回进攻东宁。

领受任务后，第2团团长王敬之决定带领部队连夜进发。杨子荣向团长建议，由他带侦察班翻山直插东宁城，察明敌情后，再在东宁城南接应部队。团长表示同意，并把部队分作两路，一路顺公路往东推进，另一路继续往南，直插老黑山通往东宁的公路，再往北推进。

政治部主任王日轩主动要求带领第 1 营 2 连往南穿插。深夜，当他们穿插到东宁南边的公路上时，见 3 辆汽车由北往南疾驰而来，王日轩指挥部队将汽车截获。据俘虏交代，他们是给“吴三虎”团送弹药和给养的。王日轩命令司机掉转车头，载着 2 连战士向东宁疾驰。

汽车在离城不远的地方停了下来，王日轩正察看情况，突然从黑暗中钻出几个人来，他仔细一看，原来是杨子荣带的侦察班。

杨子荣见是王主任，惊喜地说道：“主任，我们刚从城里出来，敌人以为我军从北面进攻，就把大部分匪军调到北山上去了，留在县城里的土匪不多，只有一个保安队在看守城门和县衙、监狱。”

王主任问：“大概有多少人？”

杨子荣说：“不超过 100 人。”他又建议说，“我看要不这样，咱们继续坐汽车，装成他们的人，趁虚而入，先把东宁城拿下，端了敌人的老窝，再去攻打北山。”

王日轩点了点头，又看了看黑沉沉的天空，说道：“不知道团长他们到哪里了？”

杨子荣说：“我已经派人去接应了，估计也快到了。”

“好！迟则生变。快上车！”王日轩果断决定。

杨子荣向俘虏司机作了交代后，上了第一辆车的驾驶室，用枪对着司机说：“一切听我的命令，出了差错，我先打死你！”

司机吓得连声说：“是，是！”

3辆汽车前后紧跟着开到城门口，站岗的一拉枪栓，厉声喝问：“干什么的？”

“自己人，刚送完弹药回来。”司机开着大灯，把头伸出驾驶室喊道。

门岗一看，认得是自己弟兄，便跑过去把路障搬开。汽车一辆接一辆开进城去，然后分别驶向指定目标。

敌人毫无防备，有的在赌博，有的还在睡觉，没费一枪一弹都乖乖地当了俘虏。

城里的守敌被顺利缴械后，王日轩又指挥部队迅速拿下了各城门，完全控制了东宁城。

当王团长带领第 2 团主力赶到东宁城外南门外时，得知 2 连和侦察班的战士们已神不知鬼不觉地把东宁城拿下来了，十分高兴，立即将这一消息报告给了刘贤权副司令员。他听说东宁城已被占领，高兴得直夸第 2 团打了个巧仗。拂晓，他指挥部队一起向北山匪徒发起了猛烈的进攻。

匪军正把全部注意力放在北边迎战，不料背后突然有我军打了过来，这才知道东宁城已失守，惊慌失措地抵抗了一阵后仓皇逃散。

部队刚回到城里集结，杨子荣就向王团长报告：侦察班从电话中得知，王枝林旅主力团“吴三虎”因老巢东宁城失守，要调兵来夺取。

王团长分析，敌人杀回东宁城必先占领南山做依托，随即命令部队出城，埋伏在东宁城南的南山上，这里是“吴三虎”的必经之地。一直等到第二天中午，才听到远处传来汽车的马达声，团长下令作好战斗准备。

匪徒在离南山不远的地方下了车，蜂拥往山

上冲。当匪徒冲到离埋伏地三四十米时，团长一声令下：“打！”机枪、步机、手榴弹一起打向敌人，打得匪徒死伤一片，其余的连滚带爬，转身就往山下逃。团长命令跟踪追击，一直追到大肚川镇的奔楼头村。

这次战斗，共击毙匪团长吴三虎（吴振山）以下 400 余人，俘虏匪营长吴二虎（吴振海）等匪徒 200 余人。

吴二虎被押到临时团部，团长王敬之对他进行了审问。吴二虎兵败被俘，垂头丧气，对我军神不知鬼不觉地就端了东宁城表示服气。

团长见吴二虎似有悔改之意，便提出可以放了他，让他去规劝他哥哥吴大虎来投降，不要再与人民为敌。

杨子荣对团长说：“把他交给我吧。”团长笑着点了点头。

杨子荣把吴二虎带到一个小屋子里，用土匪黑话和手势与他进行了神秘的交谈。杨子荣先把右手拇指和食指围成一个圈，其他 3 个指头伸着，问：“这是什么意思？”

“噢！”吴二虎感到很惊讶，然后笑了笑说：“这是‘家礼教’手势，三老四少的意思。”

“这样呢？”杨子荣摘下帽子仰着放到桌子上。

“这是说请给我吃的喝的，就是要东西的意思。”

杨子荣又把帽子扣到桌子上。

“这是说今天不走了，在这里住。”

……

杨子荣见吴二虎说的这些暗号和自己知道的相符，心里暗暗高兴，又向他询问了许多土匪的黑话，两人交谈甚欢。交谈完，吴二虎收住笑容，仔细地看着面前的这个胡子拉碴的共军，心里不由得暗暗佩服。

王团长让炊事班杀了一只鸡，招待吴二虎吃了一顿，便把他放走了。

吴二虎进了深山，找到吴大虎。兄弟相见，抱头痛哭。吴二虎哭着说：“大哥，三弟阵亡，兄弟我被俘，咱弟兄们是干不下去了。”

吴大虎收住哭声，连连点头。

吴二虎擦擦眼泪，又说：“大哥，日本鬼子打不过八路军，蒋介石也打不过，咱弟兄输在八路军手里，也不丢脸。”他停了停，试探地问：“唉，摆在面前的路咋走啊？”

吴大虎听后左右为难，说：“老二呀，我也不知道该怎么走？你说咋整吧，大哥听你的。”

吴二虎正了正身子，劝说道：“咱们降了吧？八路允许。”

吴大虎长叹一声，说：“也只有这么办了。”

几天后，吴二虎就领着他大哥下了山，还带着 100 多人，扛着机枪，带着弹药。

吴家三虎一死一俘一降，匪旅长王枝林不知去向，这股匪徒只剩下一个营，由惯匪营长、“江左撇子”江开山带领着，朝北逃过铁路，进了深山。

巧侦察智捉“江匪”

江开山原来是东宁县北河沿的大地主，当时已 70 多岁。他年轻时当过炮手，练就一手好枪法，左手打枪百发百中，人送绰号“江左撇子”。“九一八”事变后，他参加王德林义勇军当过团长，义勇军抗日失败后，王德林退入苏联，江开山投降日寇。日寇投降后，他到王枝林匪帮范兴山团任营长，和匪首孙忠魁一起参加了绥阳暴乱，欠下累累血债。

第2团追到细鳞河，团部临时驻守在河西屯，王团长派杨子荣出去侦察匪徒的下落。

杨子荣在绥阳北转了一天，没有发现情况。天黑后下起了小雨，他沿着一条森林小铁路往回走，当走到一个扳道岔的小房时，听见里边有人说话。当时已没有铁路工人，躲在这远离村屯的山沟里的人，肯定是土匪。杨子荣心里暗暗高兴，他上前仔细听了听，发现人不多，于是决定乘敌不备，抓几个“舌头”回去，也许他们就是“江左撇子”匪部的人。

杨子荣侧身站在门旁，端着大肚匣子，厉声喊道：“不许动，我们是民主联军，你们被包围了，缴枪不杀！”没等土匪醒过神来，他又诈喊：“二班堵房后捉活的，三班准备好手榴弹，不缴枪就甩！”

屋里的土匪吓坏了，连声喊：“别扔，别扔，我们缴枪，我们缴枪！”

杨子荣又大喊：“把枪扔出来！”

土匪把 3 支步枪扔出门外，杨子荣用脚把枪钩到一边，又下令：“你们爬出来，不许抬头，谁不听就打死谁！”

3 个匪兵按照命令，乖乖地从小屋爬了出来。杨子荣又命令一个匪兵解开绑腿，把另两个倒背手绑上，然后杨子荣把这个匪兵也绑好。他把 3 支步枪的枪栓卸下来揣在兜里，把空枪挂在俘虏的脖子上，喝令道：“你们要想活命，就老老实实地跟我走，谁要是捣蛋，我就突突了他！”

“不敢，不敢！”土匪连声答应。

杨子荣押着 3 个土匪回到团部，经审问，他们果然是“江左撇子”营的，供出匪营已逃往河西屯东北 60 余里的老菜窖屯。

老菜窖屯有 100 多户人家，是伪满时期日本人建造的“集团部落”，屯子四周有很高的土围墙。

王团长分析认为，这是个易守难攻的屯子，

决定再派杨子荣带侦察员前去侦察，并嘱咐等天黑后再摸进屯子，必须在第二天天亮前离开。

杨子荣吃完午饭就带着侦察员出发了，一路上未碰到敌人暗哨，快要接近屯子时已经是半夜了，他们在距屯子一里多地的一棵大树下停下来，杨子荣让侦察员隐藏在大树下，他自己摸进屯去。

到了屯子，杨子荣悄悄地绕了一圈，见屯子四周的围墙有两丈多高，伸手够不着顶，四角建有炮台。围子的南北门都有岗哨，东西两边没有门，东墙的中段塌了个豁口，距墙根还有一人来高。他在豁口处守候观察和试探了好一会儿，确认里边没有暗哨，就敏捷地从豁口爬了过去。围子里边有三排民房，家家户户都住着匪军。杨子荣顺墙根溜到东北角，突然听见从南边沿墙根走过来一个人，他赶紧隐藏到暗处。那个人直向一间北屋走去，屋里闪着微弱的灯光。他侧耳细听，原来那人是来叫人换岗的。不一会儿，那人带着 4 个匪兵出来，然后分两路，向南和向西走了。杨子荣灵机一动，决定利用敌人换哨的机会，抓一个“舌头”回去。

他等匪兵们走远，四周没有动静了，也悄悄

进入这间屋子，只见大炕上半截睡着匪兵，半截空着。他走到炕边，朝边上的那个睡得正香的匪兵推了两下，轻声喊道：“起来，站岗了！”

那个匪兵迷迷糊糊地爬起来，下炕穿鞋，杨子荣赶紧退到门口的黑暗处等着，见匪兵背着枪出来，他转身就往前走，匪兵迷迷糊糊地跟在后面。到了东墙根的豁口处，杨子荣放慢了脚步，见四下没人，突然转过身，用匣子枪顶住匪兵的胸口，低声命令：“别出声，出声就打死你，我们是民主联军，把枪放下，老实跟我走！”

匪兵吓得尿了裤子，浑身打着哆嗦。杨子荣把他的步枪抓过来背到肩上，又喝令：“爬过去！”匪兵手脚都不听使唤了，爬了好几次才过了豁口，杨子荣也翻过墙，押着土匪走到那棵大树下，与等候的两个侦察员会合后，快速向河西屯奔去。

杨子荣和侦察员押着俘虏第二天回到团部，他乐滋滋地向团长报告侦察的情况和抓俘虏的过程，那股高兴劲儿真像看了一场喜剧似的。王团长也非常高兴，拉他坐下一块吃午饭，他说什么也不肯。

经过审问，得知老菜窖屯住着“江左撇子”营200多人，有3挺轻机枪架设在炮台。团长决定当天夜里行动，奔袭这股匪军。

傍晚，部队出发时，王团长关切地对杨子荣说：“你们来回已跑了一百二三十里路，今晚就别去了，在家好好休息，明天跟后勤人员一起来！”

“我不累，屯子里的情况我熟，敌情要是有变化，我们也好随时侦察！”杨子荣诚恳地要求。

“不行，你一定要在家休息，这是命令！”王团长故意板着脸严肃地说。他深知杨子荣是个为工作不惜拼命的好同志，总是把战斗任务放在第一位，从不考虑苦累，就是疲劳到极点，有时困得走着路就睡着了，也不肯休息。对这样的好同志，做领导的必须主动关心，否则会把他累垮的。

杨子荣见要求不行，也就不再硬磨了，他明白首长的关心，连声说：“好，好，我们休息！”

部队经过一夜的行军，拂晓时到达离老菜窖屯不远的地方停下了。王团长部署队伍，准备分两路向敌发起进攻。队伍散开不久，忽然前边响起了杂乱的枪声。王团长以为中了敌人的埋伏，立即隐蔽到一棵大树后观察。

不一会儿，杨子荣突然出现在王团长面前："报告团长，我又抓来一个有用的，这家伙是'江左撇子'的副官。从他口中得知，昨天敌人发现匪兵失踪，怕我军来袭，也在天亮前转移，不料和咱们的部队遭遇，打了起来，枪声一响，匪军四散逃跑，都往林子里钻。我正好赶上，趁敌人慌乱之时抓住了这家伙。"

原来昨晚部队出发时，杨子荣见争不过团长，只好先答应留下休息，等部队走后，他又悄悄跟了上来，提前进到屯子附近。团长顾不得问杨子荣怎么又来了，对他的突然出现很高兴，他忽然焦急地说："敌人跑散了，可就不好打了！"

杨子荣凑到王团长跟前，悄声说："团长，我有个建议，叫这家伙出来喊话，就说营部在这里，召唤敌人到这里集合，咱们把队伍埋伏在周围捉活的！"

王团长听了很赞同，说："好，就这么干！"他让通信员去找来几位营长，作了部署后隐蔽在附近树林里，等待土匪钻进口袋。

杨子荣用枪逼着土匪副官站在一棵树后，让他大声喊叫:“弟兄们，不要惊慌，营部在这里，是自己打误会啦，快到这里集合……”他一连喊了好几遍，不一会儿，匪军果然从四面八方三三两两地走过来。待土匪放松警惕后，潜伏的战士们突然出现，将他们全部活捉，最后连那个老奸巨猾的匪首“江左撇子”也中了计，稀里糊涂地当了俘虏。

到天亮时，部队顺顺当当地活捉了130多名匪军，王枝林匪旅被彻底歼灭。

追剿“九彪”顽匪

经过半年多的连续追剿，牡丹江地区的大股土匪已被消灭，只剩下残匪、散匪在各地活动。动荡不安的牡丹江局势开始稳定下来，滨绥、图佳铁路畅通，北满根据地连成一片。

土匪人数虽然减少了，但剩下的均是顽匪、惯匪，也更狡猾，不易发现。他们隐藏在深山密林中，时常出没在边远山区，残杀百姓，破坏土改运动，盼望国民党“中央军”早日到来，以便“东山再起”。

1946 年 6 月，中共中央东北局和东北民主联军总司令部联合发出《关于剿匪工作的决定》，指出：根据目前斗争形势的发展，充分认识北满特别是合江和牡丹江地区，为我党在东北最基本的战略根据地。因此必须争取在最短时间内，坚决彻底地肃清土匪，发动广大群众，建立巩固的后方，以支持长期斗争。

合江、牡丹江党政军根据《关于剿匪工作的决定》精神，一方面组织部队按片继续剿匪，另一方面加紧根据地建设，组织工作团下村进镇，深入进行土改运动，发动群众，彻底清除土匪存在的社会物质基础，同时整编扩建队伍。

7 月，军区决定将第 2 支队与牡丹江军区机关合编，取消第 2 支队番号，第 2 支队第 1、第 2 团改编为牡丹江军区独立第 1 团和第 2 团。田松支队长任军区副司令员，李伟政委任军区政治部主任。杨子荣所在的侦察班扩编为独立第 2 团侦察排，杨子荣任排长。

为全力保证主力部队作战，东北局又指示地方部队的给养由自己组织生产来解决。独立第 2 团遵照上级指示，积极组织生产，挑起了剿匪和生产两不误的重担。经过广大指战员的共同努力，到 10 月底，部队全部穿上了自己制作的棉衣棉裤和皮棉鞋，还发了皮大衣、皮帽子、皮手套，连机枪都有了皮套子，为部队在冬季执行各项任务，提供了坚实的物质基础。

可是，隐藏在山里的土匪，看到红红火火的生产场面和众多的生活物资，不禁垂涎三尺，并开始蠢蠢欲动。

一次，团长王敬之带着 2 个警卫员和 8 名伤愈的战士，从牡丹江乘坐人民群众进城采购物资的小火车，到 3 营所在地穆棱去布置任务，火车行至磨刀石时，遇到凶残土匪的偷袭。王团长带着仅有的几个战士奋力拼杀，最终因敌我力量悬殊，跟随的战士和同行的 200 多位乡亲遇难。当杨子荣和增援部队赶到时，土匪们已无影无踪，展现在他们眼前的情景惨不忍睹。漫山遍野的尸体横躺竖卧，有的被挂在树杈上，有的被插在尖树桩上……硝烟在尸体上空徐徐飘动，血水把旁边的一条小溪都染红了……

指战员含着眼泪，把 200 多具尸体一一抬到路边。他们脱帽肃立，鸣枪致哀。

从受伤的群众口中得知，袭击他们的是土匪“九彪”。战士们的眼睛都红了，发誓一定要消灭“九彪”这股顽匪，为死难的战友和乡亲们报仇！

“九彪”原名刘亚杰，山东省沂水县人，1907 年从山东来穆棱县磨刀石落脚，不久就结伙为匪，报号“九彪”。“九一八”事变后，他的匪队扩大到七八十人，尽干些抢粮、抢物、绑票的勾当。1943 年“九彪”投降日寇当了特务班长，其匪队在山林中以种大烟为名，搜集我抗日联军情报。日寇投降后，“九彪”又纠集起几百人继续为匪，不久被国民党东北保安司令部吉林“先遣军”收编为第 7 旅，委任为旅长。他曾两次炸翻我第 2 团东进剿匪乘坐的火车，猖狂至极。

为了剿灭“九彪”股匪，1946 年 11 月，王团长带着侦察排和 1 营再次到磨刀石附近开展工作。据当地老百姓传言："九彪"干了几十年土匪，山地他最熟，不经过村屯，从海参崴拉荒走山道，可以一直走到辽西的医巫闾山；听山鸟叫，便能判断出从哪个方向来了人，来了多少人。

"九彪"确实很狡猾，他有好几处巢穴，居无定所，行踪诡秘。

杨子荣奉命带人前去侦察，王团长带着部队在后面跟进。

茫茫林海，何处是"九彪"的匪巢？杨子荣领着侦察员在山里转了一天，也没发现任何踪迹。由于林子太密，几十米外就看不见亮光，给侦察带来很大的困难，也为土匪藏身创造了便利。

第二天，他们转到宁安东边的深山里，遇到一位以狩猎、采参为生的老人。从老人那里得知，往东大约 60 里的一片老森林里有个暖泉子，冬天不结冰，是过去抗联建造的密营，那里有他们的住处。

杨子荣连忙带着侦察员钻进那不见阳光的密林里，摸索着往前走。他走一段就用斧子在树上砍一个白印，做回来时的标记。每登上一座山头，他都爬上一棵大树，观察远近山势，校正方向。终于发现了“九彪”匪部的窝棚，他赶紧派人回去报告，自己则在这里守候。

当部队寻着他砍的树印赶到时，土匪已发现了我军，刚刚逃离营地，屋里放着铺盖和储存的大米，一口大锅里的高粱米饭还是热的。

王团长恨恨地骂道：“这老狐狸，又让他跑了！”

就在这时，从林子里突然钻出3个外出回来的匪徒，他们一时没看清楚，误把我军当成了自己人，看见乱哄哄的一大片，就生气地大喊大叫：“你们把草都踩倒了，等着被共军看见，不想活了！”

杨子荣见是土匪，立即奔过去想捉活的，这3个家伙发现不对头，转身就往林子里跑。杨子荣和战士们开枪打死了一个，另外两个逃进了森林。

团长判断，匪徒们逃跑时未带粮食，在山里也待不久，必定躲到其他营地或到林外去抢吃的，于是决定带部队出林，到宁安去搜剿。

他们在宁安附近的山里又发现了一处土匪的

营地，部队围了上去，但还是没有人影，追剿“九彪”又一次扑空，指战员们个个气得直咬牙。

由于没捉到“九彪”，王团长决定带领1营营长王孝忠和杨子荣侦察排等30多人，到鸡西沿中苏边界的深山密林向南搜索。他们日夜兼程，10多天行程几百里，仍未发现“九彪”的踪迹。当他们回到海林时，已是1947年1月初。

回到驻地，杨子荣心里很是不安，他觉得没抓到“九彪”，是他这个侦察排长没当好。他突然感到肩上的责任很重，作为一个侦察排排长，要管理着手下的侦察班、骑兵通信班、步兵通信班、首长警卫班几十号人，必须让他们懂得怎么行军，怎么打仗，怎么吃饭，怎么露营，知道土匪在哪里，哪些地方容易藏土匪。要是排里的每一个人，特别是侦察员们都懂得这些，那该多好啊！他忽然觉得排里的每一个兵都应该成为另一个杨子荣。

他开始总结闯关东时积累的生活经验，梳理在侦察实践中和向赶山老人学到的知识，还有在审问俘虏时了解到的土匪的黑话和行踪规律。他准备把这些知识和经验传授给每个人。

一天晚上，侦察排的人都挤到了杨子荣住的屋子里。杨子荣看着满屋子的人笑着说："今天，我们开个诸葛亮会，我们每个人都亮一亮自己的高招，互相学习，以后要有作战任务，每个人都可以独当一面。"

大家七嘴八舌地笑着说："排长，你就会想着法整俺们，俺们哪有什么高招，还是听听你的吧。"

杨子荣扑哧笑起来，说："这哪儿叫整你们？我还想让大伙轮流着来当这个排长呢。"

孙大德挥着手说："行了，排长，谁能吃几碗干饭你又不是不知道，有什么高招你就快说吧，别在这里憋闷我们了。"

杨子荣笑着骂道："瞧你这个大长腿！那好，我就先说说，然后你们补充。"

杨子荣一口气说了十几条侦察经验。孙大德见排长说了那么多，也受到启发，他抓抓头，说："排长，我也提上一条，就是进山的时候，一定别忘了带上火种，那次我单独去送信，差点没把我冻死。"

小战士魏成友笑嘻嘻地接着说："我也给添一

条。我是本地人，俺这疙瘩的人要是进山冻伤了脚，都是用雪搓，千万别用热水烫，那样就把脚毁了。”

大家你一言他一语争先恐后地说出了自己的经验，讨论得十分激烈。

不知什么时候，团长进来了，他悄悄地坐到一名战士的身边，仔细地听着大家的发言。他一边听一边想，这伙兵叫杨子荣带得可真是个顶个。

团长见大家说得差不多了，他这才插话：“我也给添上一条吧。”

大家一看，原来团长也在这里，都很惊奇，一齐哗哗地鼓起掌来。团长朝大家挥挥手，赞扬道：“刚才大家的发言我都听了，很受启发。这么着哈，用部队的老话说，这叫发扬传统，军事民主。我要说的一条，就是我们当兵的，什么时候都要把自己的手脚保护好，现在冰天雪地的尤其要注意。手要打枪，脚要跑路，相比起来，跑路的时间比打枪的时间要多得多，保护好脚就显得特别重要。”接着，他给大家讲了他长征时过雪山草地的故事，听得大家如痴如醉。

杨子荣听后，强调说：“保护好脚，鞋子最重要，鞋就是命啊！”

团长最后说：“今天时间不早了，大家休息吧。杨排长，你把今天你们这次会上说的都往一块拢拢，下次我安排个时间，你给全团的干部们说说。”

“哎呀，我不行。”杨子荣为难地说。

“什么行不行的，我让你说，你就说。”团长强调。

“是！你让我说我就说。”杨子荣憋着嗓门，模仿团长的口音回答，逗得大家笑弯了腰。

几天后，军区又发来电报，说东宁西边的一个叫靠山屯的地方，有伙土匪杀人、抢粮，命令第2团派部队前去消灭这伙匪徒。

团里其他领导看到团长连续出动太辛苦，都提出要带队去。团长想了想说：“还是我去吧，东宁那里我熟。”

王团长带着7连和杨子荣的一个侦察班连夜出发，于第二天傍晚赶到了靠山屯。

进村后，团长命令7连连长兰绍家派出岗哨，便带着杨子荣和兰绍家，一起到被害的群众家察看，询问土匪的情况，很晚才回到各自的房东家。

杨子荣见侦察班的人都已倒在炕上，鞋也没脱就呼呼睡去。他找房东要来些柈子，烧了满满一锅水，叫大家起来洗脚，又督促大家挑水泡，一直忙到半夜才睡。

下了一夜的雪。天刚麻麻亮，杨子荣就醒来，穿好大衣，轻手轻脚地出了屋，围着村子转了一圈。他盯着地上，仔细分辨每一个脚印。在村西南角，发现一串新脚印一直延伸到林子里。他确认方位后，便赶紧回村向团长报告。

团长听后，噢了一声，说："走，我们去看一看。"

杨子荣把团长领到现场，指着地上的雪印说："夜里下了雪，这串脚印是新的，是天亮前走出来的，准是村里的坐探进山报信去了。"

团长看后点了点头说："有道理。回去集合部队，跟着这脚印进山追剿。"

林子里的雪很深，每走一步，都得往外拔腿，杨子荣和侦察班带路，顺着脚印往山里追去。不一会儿，战士们都累得满头大汗。

下午 4 时多，走在前面的侦察员孙大德急忙跑过来喊道："排长，脚印不见了。"

"脚印不见了？"杨子荣奇怪地问。他走到前面一看，可不，最后一个脚印在一棵树边消失了，连一丝痕迹都没有。

杨子荣让大家先别乱踩，他往四周一看，地面上白白的，平平的，像盖着一床硕大无比的棉被。树干密密的，参差不齐地立在这白被上，顺着山势绵延开去。

这就怪了，莫非这人能飞？杨子荣正在仔细地察看地面，团长带着部队赶了上来。杨子荣报告团长："脚印不见了！"

团长也感到奇怪，他让部队原地休息，对杨子荣说："再找找看。"

大家一听休息，都就地坐了下来。一个战士要解大便，走到离队伍三四十米的地方，解开裤子刚要蹲下，突然一声枪响，子弹带着尖啸声朝他打来。

大家警觉地向枪响处望去，只见林子里突然

从雪底下冒出好些人来，一个个拼命地往林子深处钻。

战士们不待命令，一边举枪射击，一边向土匪猛追过去。无奈林子太密，子弹飞不过去，噗噗钻进树干。

这时，从不远处的雪底下钻出一个大个子土匪，他回头看了一眼，撒腿便往前跑。

王团长看清这土匪的模样，大叫一声：“吴二虎！”

吴二虎听到叫他，似乎也认出了王团长，扭过头一看，跑得更快了。

杨子荣听到团长叫吴二虎，赶紧跑过来问：“吴二虎在哪里？”

“往前跑了，这个家伙又干上了。”团长遗憾地说。他立马命令 7 连分成两部分，往两侧包抄上去，令侦察班在正面射击。

吴二虎见追击的人不多，一声怪叫，驱赶着匪徒往回冲。侦察员们一阵急射，将几个土匪打倒。

这时，两侧枪声响了，匪徒见势不妙，四散

逃窜。战士们在后面紧追。

吴二虎一看势头不好，慌忙往西跑去。只见他双手抓着树枝，一蹿就上了树，不一会儿就不见了。

一个抱着苏式机枪疯狂扫射的土匪，见吴二虎跑了，也抱起机枪掉头就跑，刚跑几步，就被树枝给绊倒了。杨子荣像猛虎一样扑上前去，将他死死地按在地上。侦察员们赶上来，把其制伏。

枪声渐渐地停息了，部队打扫战场。雪地上躺着一具具土匪的尸体，活着的十来个土匪被集中到林中的空地上。

杨子荣仔细地将土匪查过一遍，惋惜地向团长报告："吴二虎又跑了！"

团长咬咬牙说："他躲得了初一，躲不过十五。"团长又问俘虏："你们的老窝在哪里？"

"那边。"一个土匪往前一指。

顺着土匪指的方向，大家往前一走，这才看到那里有几个地窖，上面栽着好些假树。如果土匪不说，即使走到跟前，也很难发现。刚才是他们的岗哨看见那个解手的战士，以为是被发现了，这才开了枪。土匪们听到枪声，都慌忙地从地窖里钻了出来。

团长审问俘虏："今天有人来给你们送信了？"

俘虏咧咧嘴说："有，刚来，不大会儿。"

团长和杨子荣交换了一下眼色，又问："那雪地里的脚印走着走着，怎么就没有了呢？

土匪"嗨嗨"地笑起来说："这几十米，他是从树上爬过来的。

团长很惊奇，说："走，到外边看看。"

土匪领着大家走到外边，大家抬头看树，只见树顶上都盖着厚厚的一层雪，就像戴着一个个大帽子，唯独通往屯子方向的一溜树上雪都没有了。侦察员们看了，七嘴八舌地说："今天又长了一个见识。"

孙大德看着杨子荣说："排长，这回你总结的那经验上，又该添上一条了吧。"

杨子荣感慨地说："是啊，这真是经一事，长一智。"

团长命令将匪巢彻底捣毁，又让部队搜索一阵，缴获了好几袋大米。看看实在找不着匪徒，这才向回撤。

就这样先后5次也没抓到“九彪”。直到1952年7月16日，才在搜山围剿残匪时，将其击毙。

但通过追剿“九彪”的战斗，团长和杨子荣也得出经验教训，类似“九彪”这样久藏山林的老匪，派大部队追剿，等于用大炮打苍蝇、拳头打跳蚤，不起作用，必须派少数精悍的侦察人员，打入敌人内部，里应外合才能取胜。

04 智勇降恶魔

用计谋化装侦察

1946 年入冬以来，第 2 团对国民党委任的东北“先遣军”第 2 纵队 2 支队司令、惯匪“座山雕”部进行过多次搜剿，歼灭了其大部，但潜藏在海林县西北部夹皮沟山里的“座山雕”老巢，却一直找不到。

1947 年 1 月中旬，临近年根的一天夜里，一个黑影闪进海林北部一个小山村农会办公的院子，将一封信从门缝底下塞了进去。第二天，农会主席贾润福来到办公室，开门看到地上有封写给他的信，拆开一看，脸色立刻变了。他揣着信，匆匆赶到县委大院。

县委正在开会，贾润福闯了进去，直奔县长刘克文，把那封信递到他手里。刘县长看完信，又把信递给县委委员、第 2 团政委王希克。

王希克一看，原来是一封索要给养的恐吓信，信上指定贾润福 3 日内必须送 20 件棉衣、10 袋白面到胡家窝棚，否则就要他的脑袋。王希克看毕，轻蔑地一笑说："我们正找他呢，他倒送上门来了。"

刘县长说："王政委，北山根的几个屯子，群众老是发动不起来，就是因为怕土匪，这事还得辛苦咱们第 2 团了。老百姓好不容易翻了身，想过个好年，他们又要出来祸害。"

王政委说："这是我们分内的事，我回去就办。"

县委会议一散，王希克政委回到团部，立即找团里领导商量。大家分析，从土匪所要东西的数量来看，土匪人数不会太多；从指定送东西的位置来看，土匪的老窝也不会太远，就在海林北部山区。

王团长判断说："这伙土匪很可能就是号称

‘座山雕’的张乐山带的那一股。”

他吩咐警卫员，去把杨子荣找来。

王政委又补充道：“还有，到县里去把敌工部张部长也请来。”

杨子荣和张部长前后脚进来，他们看了信，都认为团首长分析得对。

敌工部长说：“在海林北部，也只有‘座山雕’这股土匪了，群众反映也就是二三十人，只是行动诡秘，出没无常，谁也说不清他们窝藏的具体位置。”接着，他详细介绍了“座山雕”的身世。

“座山雕”本名张乐山，山东昌潍地区人。幼年父母双亡，13 岁随堂兄来牡丹江地区山里伐木场当勤杂工，15 岁上山当土匪，18 岁即当匪首，已有 57 年的土匪生涯，是历经清末、张作霖和伪满 3 个时期的惯匪，为人凶狠善战，枪法又准，且老谋深算，诡计多端。他还是“家礼教”的长辈，排行第 23 辈，在各股土匪中是“老资格”，比“九彪”老得多。张作霖时期，曾派兵追捕过他，连他的影子都没看见。伪满洲国时期，曾一度被我东北抗日联军收编，后又被日寇策反收买当上了“讨伐队长”。不久，当他发现日寇因他不能全心效忠而准备除掉他时，他竟又在日本鬼子的眼皮底下溜走了，重返山林当土匪。他在各股土匪中很有“名望”，被众匪称为“三爷”。他曾对匪徒们吹嘘说：“我就想当个山上的老雕，大清国、张作霖、小日本、国民党，谁给我官都行，但谁要管我，那可不行！”他就妄想坐山为王，因此，报号“座山雕”。日寇投降后，他表面上也接受过我牡丹江军区的收编，但暗中又接受国民党的委任。国民党许愿他打下牡丹江后，封他为“卫戍司令”。

“座山雕”这个老匪非常狡猾，行踪诡秘。我牡丹江军区曾用一个营的兵力，进山搜索一个多月，也未发现他的一丝踪迹。

敌工部长介绍完情况，团首长们都陷入了沉思。

王政委说：“杨子荣，你有什么想法？”

杨子荣笑了笑说：“首长，我正在想呢。”

团长说：“那好，大家都想想吧，下来咱们再研究。”

杨子荣回到排里，不吭不哈地歪到炕上，抱

着头想心事。战士们见排长心里有事，也都不敢惊动他。

3 天过去了，杨子荣一直不说不笑，自顾自想心事。到了第四天，他突然来到团部，向团首长汇报了自己这些天的想法。

团首长连夜开会，研究杨子荣提出的“化装成土匪，打进匪伙进行侦察”的大胆设想。

“这太危险了！‘座山雕’可不比别的土匪，比鬼还精。”

“土匪都有黑话，一句对不上，就会露馅。”

“算了，弄不好会把自己搭上去，还是想别的办法吧……”

团首长们都从杨子荣的安全考虑，不同意他去冒这个险。副团长一口又一口地抽着自卷的旱烟，屋子里烟雾腾腾。

忽然，门开了，只见杨子荣身穿二尺半黑棉袄，外罩一件日本军用半截黄呢子大衣，头戴一顶狗皮帽，威风凛凛地站在门口。大家先是吃了一惊，待回过神来，都不由得笑了起来。

团长神情严肃地问：“你都想好了？”

“想好了。俗话说，‘不入虎穴，焉得虎子？’”杨子荣摘下狗皮帽子，摆出一副土匪的架势，说道：“我现在是吴三虎的副官，是从东宁被打散后，领着几个弟兄跑到这一带来，能入伙就入伙，入不了伙就到吉林投奔国军去。”

“你准备带几个人？”

杨子荣自信地说：“连我6个。我在排里挑了孙大德、魏成友、赵宪功、孙立珍、耿宝林，都是个顶个的棒小伙子。”

“土匪黑话你都会？”

“不敢说都会，可也差不多。我审过好多土匪，包括吴二虎那样的匪首。再说，那些土匪，也不见得黑话都句句统一，万一有什么差错，我可以随机应变。”

团首长互相交换了一下眼色，团长政委都点了点头。

政委深情地说：“子荣同志，那你就去吧。记住，无论什么时候，第2团全体指战员都站在你们的背后，党和人民站在你们的背后！”

“我记着了！”

团长说：“你们进山后，遇事一定要多商量，把情况侦察清楚了，立即回来报告，我们马上派部队去清剿。”

“是！”

政委又交代：“进山后，如果需要，可以抓小鸡，杀小猪，但是一定要记账。”

“明白！”

罗副团长走上前来，抓起杨子荣的手，将一把手枪子弹放到他的手心里，说：“子荣同志，我当了十几年的侦察兵，知道搞侦察工作不容易。要处处胆大心细，敢于独立为战，越在敌人心脏里越安全，越在边沿越要小心。”

杨子荣紧紧握住罗副团长的手，激动地说：“首长，我记住了！”

团长问：“你们什么时候出发？”

杨子荣用手朝外面指了指，说：“同志们都已经在外边等着呢！”

团首长一起走出屋子，星光下，只见5名身着便装的战士精神抖擞地站在那里。团首长们一一和他们握手，祝他们马到成功，平安归来。

杨子荣向团首长敬了个军礼，一转身，领着 5 名侦察战士离开了团部院子。

团长抬头看看天，一抹弯月挂在天幕。说道："今天是破五了吧。"

政委轻声回答："对，阳历 1 月 26 日。"

杨子荣一行出了海林，一直向北，进了完达山脉的夹皮沟。这一带峰峦重叠，森林茂密，一棵棵松树直立着躯干，在皑皑白雪映衬下，显得更加苍劲挺拔。

按照原来的设想，"座山雕"应当在这一带活动。杨子荣决定在林中寻找，可一连转了几天，没有找到土匪的一丝踪迹。天气冷，带的饭团也剩下不多了，大家心里都有些着急。

这一天晚上，他们在山上露营。杨子荣领着大家用雪拍成墙，围出一个方框，又让大家扒开雪，抱来枯草铺到地上。火也生起来了，红通通的火焰跳动着，映照着一张张清瘦的脸庞。

杨子荣看大家情绪不高，便逗大家："说不定，明天，就该到家了。"杨子荣见大家还是不吭声，又压低嗓门说："你们都相信我老杨，狐狸窝肯定就在附近。”

大家见杨子荣这么有信心，低落的情绪也都好了起来。他们清楚排长的为人和本事，也相信自己的排长，就像相信太阳会从东方升起一样。

杨子荣继续小声说：“大家都要有再吃一些苦的准备，先苦后甜嘛。”

赵宪功开口说道：“吃苦倒不怕，就怕完不成任务。”

“狐狸再狡猾，也斗不过好猎手。我就不信他有三头六臂！会地遁，会隐身？明天，咱们再扩大点范围，往蛤塘一带去转转。”杨子荣用坚定的信心感染着大家。

第二天一早，战士们把饭团在火上烤了烤，吃了一些，便朝蛤塘方向转去。路上，他们一边走，一边用土匪黑话说山（闲扯），或是学着行土匪大礼，做土匪手势，说到高兴处，杨子荣就有滋有味地哼起小调：“提起了宋老三，两口子卖大烟……”

耿宝林也跟着哼起来：“这姑娘年方那二八一十六哇，起了一个乳名，就叫宋大莲呐……”

孙大德说："这玩意儿，我也会。"他清了清嗓子，也哼起来："老龙抬头天睁眼哇，我和小妹坐半天呐。我和小妹坐半天呐，好比腊月的黄瓜尝一尝鲜啊……"

没等孙大德唱完，大家都哈哈大笑起来。杨子荣一边跟着大家笑，两眼不停地朝两边观察。

傍晚，他们转到蛤塘一带的林子里，正走到一块空地上，忽听"梆梆梆"敲木头的声音。杨子荣心头一喜，小声对大家说："注意，有人'叫棍儿'。"

大家立刻振作了起来。杨子荣大步走到一棵树下，用棍子在树上也敲了3下。大家静静地等了半天，没有任何动静。

"走！"杨子荣果断命令，带着大家朝发出声音的方向走去。

走着走着，见前面不远处有微弱的灯光闪现。大家高兴地交换了一下眼色。

杨子荣带着大家，踏着积雪，大步朝灯光奔去。走到跟前，原来是一座工棚，灯光是从窗户里发出来的。

杨子荣抻一抻大衣，双手往上抖了抖衣袖，战士们都把匣子枪提到手里。杨子荣一把推开工棚门，昏暗的灯光下，只见工棚里一个大炕，炕边放着许多斧子、锯子，炕上一溜躺着十几个人，有的打着呼噜，有的抬起头看了看杨子荣，又抻抻被子，躺了下去，只有炕头上盘腿坐着的那个四五十岁的男人，正“吧嗒吧嗒”地抽着旱烟。

那人抬头看了杨子荣一眼，又低下头去自顾装烟、点火。杨子荣走过去，将右手拇指食指围成个圈，其他 3 个指头伸着，拱手，施了一个礼。

那人瞟了一眼，却又装作没看见，只顾抽烟。

杨子荣开口说：“三老四少，行个方便，娘家失火烧了，想借问个道，找小孩儿他舅去。”

那人还是不理不睬。

杨子荣正要说话，孙大德在身后拽了下杨子荣，说道：“撞上个聋子，晦气晦气，咱走！”

杨子荣瞪了那人一眼，转身就跟着孙大德退出了工棚。他们来到外面，杨子荣示意孙大德站住，大声说：“紧三天，慢三天，还是看不见天王山。”

“小孩儿他舅准死了。”

“这把火烧得真惨，大冬天的，总得有个避风的地方。”

“我说当家的，干嘛非得在一棵树上吊死，我看小孩儿他舅也就是个空名，咱去溜别路。”

“倒也是，香点着了，插哪个香炉里不行。兄弟意思是不如过镜泊湖，溜中央去，再领着人回来找那放火的人算账？”

“行倒是行，既然来了，还是先找小孩儿他舅吧……”

杨子荣和孙大德你一言我一语地在棚子外交谈了好大一会儿，别的侦察员静静地听着，也不敢插嘴，只是跟着叹气。

忽然，工棚门开了，刚才坐着抽烟的那人走了出来。他走到杨子荣跟前说：“外面风大，还是先找个地方暖和暖和吧。”

杨子荣赶紧说：“那就有劳这位大哥给挑个门帘。”

那人说：“兄弟姓孟，是这里把头，我领你们去个地方。”接着转身进屋，拿出一把锯、一把斧子和一把小铁锹，放到杨子荣的面前，又进屋提出来一个小铁桶，里面放着半桶苞米面和一些盐，冷冷地对杨子荣说："拿上。"

他不再说话，只朝杨子荣一招手，转身就往山里走。走了 20 来里路，面前出现了一个木棚子。

孟把头这才说话："这里僻静，没人来，你们就在这里避避风吧。"

他领着大家进了木棚，又点上松明子，然后在墙角乱草堆里翻出锅碗瓢盆，放到杨子荣的面前。

杨子荣看屋里有个大煤油桶做的炉子，地上铺着厚厚的草，是个好住处，便连声道谢。

孟把头没说什么，点点头，转身走了。

杨子荣和大家相视一笑。大伙赶紧找来木头，锯的锯，劈的劈，生起火来，一股暖意立刻在棚里荡漾开来。大家围着火炉烤饭团子吃。孙大德一边往嘴里塞，一边笑眯眯地说："嗯，有戏，有戏！"

魏成友兴高采烈地说："这里再也不用站岗了。"说得大伙哈哈大笑。大家吃完干粮，开心地打闹了一会儿，杨子荣便催促大家快睡觉。他把乱草往身上一盖，就不再说话了。

其他几个人躺下后，却还在兴奋之中。炉子里的劈柴呼呼地烧着，把工棚映得红彤彤的。

孙大德叫着杨子荣："我说头儿，你给大家来一段三国得了。"杨子荣没吭声，孙大德又叫，还是没吭声。他把头凑过去一看，杨子荣已经打起了呼噜。

孙立珍对孙大德说："睡吧，排长这几天可是辛苦了。"

大家全都晃晃身子，尽可能地躺得舒服些，合眼睡去。

进村"抢"食物诱匪信任

这时，远在几十里之外的第 2 团团部仍灯火通明，团首长们围坐在一起，分析着侦察小组的情况，等待着他们的消息。

杨子荣他们一走五六天了，一点儿音信也没

有，究竟是怎么回事呢？是打进匪窝里去了，还是遇到了不测？也该有个信啊！

王政委见大家很着急，宽慰着说："我了解杨子荣这个人，办事稳重、有把握，相信他不会有差错。"

团长起身走到屋外，抬头看了看北边，黑色的天幕上挂着忽明忽暗的星星，仿佛一双双闪烁的眼睛。他站在凉风下清醒了一会大脑，转身回到屋里，突然说道："我看这样吧，要是大部队进山，怕打乱了杨子荣的计划，咱们让7连派一个排进北边山里去拉木头，以便策应杨子荣他们。7连的另两个排，由兰绍家带着，隔那么一天两天，就到北边山里活动活动，说不定杨子荣他们会派人出来找部队的。"

大家都表示同意。

第二天一大早，7连1排赶着团里供给处的两辆大车进山拉木头去了。太阳出来了，金色的阳光照射着林海，照着雪原，照着山路上那两条深深的车辙。

杨子荣他们在木棚里一连等了两天，孟把头

也没来。他们带的冷饭团和那点苞米面也都吃光了。有侦察员提出回团部取粮食，顺便报告这里的情况。杨子荣认为时机没到，这是孟把头在对他们进行考验，便说服大家耐心坚持，相信孟把头一定会来，不然就不会送他们到这里来。

大家听了只好忍耐着，饿了就到附近树上找野蘑菇和虫子吃。他们又等了一天一夜，果然不出所料，孟把头终于来了。

杨子荣把他让进工棚里，和他唠了起来，问他做木材生意赚不赚钱，生活过得怎么样。接着埋怨道："你把我们扔在这也不来看看，几天没吃的，我们都快饿昏了！"

孟把头说："你们怎么不去'赶'（抢）点吃的！"

杨子荣说："人家的地盘，我们哪敢随便动手！"

孟把头说："不要紧，我领你们去夹皮沟赶点给养吧！"

孙大德听后心里"咯噔"一下，夹皮沟是他们常去的地方，老百姓都认识，那怎么行。于是插话问："那屯子里的人家穷不穷？能赶到吃的吗？"

孟把头从孙大德的表情和口气看出不怎么愿意，就继续试探着说："夹皮沟老刘家有粮还有鸡。"

杨子荣明白孙大德的心思，也看透了孟把头的诡计。为了让孟把头相信，就对孙大德说："好，那里有粮，咱们就去走一遭！"

下半夜，杨子荣他们跟着孟把头来到夹皮沟屯。屯里群众怕土匪来抢，都把粮食藏起来了。他们进了几家，有群众觉得这几个人很面熟，可是谁也不敢出声。他们没找到粮食，只从灶屋里拿了一些黏豆包，一边骂骂咧咧的，一边塞进嘴里大嚼，装得很像土匪的模样。

最后到了姓刘的家，杨子荣分析这家很可能是土匪的坐探，孟把头故意把他们领到他家来，所以他们也就不"客气"了。孙立珍从一只破箱子里翻出半袋子荞麦面，一下子背到肩上，刘家的女人跑上来就夺，被孙立珍一把推倒在地，那女人撒泼大哭。他们又从鸡窝里抓出两只小鸡，小鸡"咯咯"直叫，赵宪功把鸡脖子用劲一拧，小鸡就没声了。

天亮时，他们回到了木棚子，大家七手八脚，有的和面烙饼，有的煺鸡毛，摘肠子。还没等鸡肉太熟，几个人就挤到一起，装作饿极了的样子，你争我夺地抢着吃。

直到这时，孟把头才相信他们是“自己人”，于是对杨子荣说：“兄弟我叫孟继成，是张三爷的联络副官，弟兄们如果诚心想入伙，我愿意给‘挑门帘’！”

杨子荣表示很高兴，向他道谢。孟把头又说山里会来人面谈的，说完就走了。

由于杨子荣的耐心和坚持，果然把“座山雕”匪部引了出来，大家都非常兴奋。

第二天，从山里下来两个人，一个自称姓刘，是联络部长；另一个也姓刘，是连长。他们用土匪黑话盘问了好一阵，杨子荣对答如流，谎称他们是东宁吴三虎所部，他是吴三虎的亲信副官，姓胡，由于遭到共军袭击，吴三虎被打死，队伍被打散，他们几个走投无路，特来投奔“三爷”，如不能被收容，他们就去吉林那边投奔国军，弄个一官半职。

这两个人听完就走了，答应明天再来“定夺”。可是第二天却没有来，大家埋怨说，好不容易见到了土匪，把这两个“舌头”抓回去，就完成了任务，如果他们不来该怎么办？

杨子荣很有信心，知道土匪肯定会来。现在已经发现“座山雕”的人了，不查个水落石出，岂不前功尽弃？他的目标不单是抓“舌头”，而是要直接抓到“座山雕”，彻底完成任务。杨子荣把自己的想法告诉了大家，要求大家再耐心等待。

又过了两天，姓刘的两个家伙果然来了。刘副官进门就向屋里的人拱了拱手：“兄弟很抱歉，让诸位久等了。”

杨子荣说：“等了几天倒没什么，只是别伤了弟兄和气。”

刘副官见杨子荣不高兴，解释说：“这两天实在是有事脱不开身，三爷听兄弟说诸位何等英雄，十分高兴，提出要与胡副官结拜兄弟，已经派人上牡丹江买酒肉去了。东西办齐，就请弟兄们上山，大块吃肉，大碗喝酒，痛痛快快地欢度元宵佳节。”

两个土匪扇乎了一阵，说是要接应买酒肉的人，便告辞走了。

两个土匪走后，杨子荣找大伙一起研究，说：“我们已经出来七八天了，团首长还不知道我们的情况，一定很着急。现在已发现‘座山雕’匪部，得派个人回去报告，请示下一步行动。”

孙大德主动要求回去送信，他说：“我腿长，走得快。”

魏成友也抢着说：“还是我回去吧，我是当地人，熟悉这一带情况，万一被土匪发现也不怕，就说不愿干了回家去。”

杨子荣同意魏成友的想法，他人小，不会惹人注意。

1947 年 2 月 4 日（正月十四）下午，杨子荣和孙大德把魏成友送到夹皮沟，这里距海林镇有六七十里，靠两条腿走回去，天亮时再赶回来是根本不可能的，只好向群众借马骑了。

这时已经天黑，他们 3 人走到屯子东头，见一家的院里有一匹白马，便敲门叫出主人，向他借马。好说歹说，马主人就是不肯借。时间很紧了，孙大德见好说不成，便威胁说：“我看你别敬酒不吃吃罚酒！”马主人害怕了，不敢再吱声。杨子荣说：“俺们用完，明天早上就还你！”

他们牵着马走出村外，杨子荣叮嘱魏成友：“天亮前你必须赶回来，不然少一个人会引起土匪怀疑的。”

“好，我一定在天亮前赶回。”魏成友飞身上马，孙大德朝马屁股上狠击一掌，大白马撒开四蹄奔跑起来。

大白马像飞似的跑着，但魏成友还是嫌慢，恨不得一下子就飞到团部。他不住地抽打着白马，双脚也冻僵了。当快到一个集团部落时，马的前蹄突然像绊了什么似的，向前一倾，重重地跌倒在地上，魏成友也被摔出去很远，还没等他爬起来，就被两个人按住了，无论怎么挣扎反抗也动弹不得。

魏成友被带到一间小屋里接受审问，在昏暗的灯光下，他认出了把他当土匪审问的人竟是7连副连长，他气得呜呜哭了起来。

原来截住魏成友的正是团部派来拉木头探听杨子荣消息的那个排，由副连长带领在这一带活动好几天了。魏成友向他说明情况，叫他们赶快撤回去，以免引起土匪疑心，影响杨子荣打入匪穴的计划。说完，魏成友又骑上那匹白马，直奔团部。

夜里 11 点多钟，魏成友赶到团部，见到了正在查岗的作战参谋陈庆。魏成友说有要事马上向团首长报告。陈参谋说，首长们这些天都快急死了，连续几天没睡觉，太疲劳了，刚刚睡下，就让小魏把情况讲给他，明天再向首长报告。他把魏成友领到自己的宿舍，又把他爱人叫起来给小魏做饭。

魏成友把他们离开海林后，如何见到土匪和他们准备进入“座山雕”老巢探听虚实的情况，一五一十地向陈参谋讲了一遍。这时，陈参谋爱人已做好热气腾腾的面条，还有热馒头和炒咸菜。魏成友确实饿极了，狼吞虎咽地吃起来，噎得直翻白眼。陈庆夫妻心疼地说：“你们可受苦了，别着急，慢慢吃。”

陈庆一边看着小魏吃饭，一边告诉他下一步行动计划：“你转告杨排长，在正月二十前能抓回来‘舌头’也行，或画张地形图回来。如果到二十没回来，那就是你们进去了，团里立即派队伍去支援你们！”

“好！我知道了。”魏成友一边吃饭一边回答。

陈庆又掏出一个本子看了看，说：“今天是正月十四，正月十五、十六、十七这3天的口令分别是‘风调—雨顺、五谷—丰登、人财—两旺’。你一定要记住，千万要转告杨子荣，以便到时候里应外合。”

“风调—雨顺、五谷—丰登、人财—两旺。”魏成友重复了一遍，说：“我都记住了，可以走了吗？”

陈庆说：“你等等。”不一会儿，陈庆的爱人走进来，手里提着鼓鼓囊囊的两个背兜，里面装满了馒头和熟肉。

魏成友谢过陈庆夫妇，背上背兜，策马朝北而去。

后半夜，魏成友赶回到夹皮沟，杨子荣和孙大德还在那里等着他。他们还完马，魏成友向杨子荣报告了团部的指示，一起在天亮时赶回了木棚子。大家已两天没吃东西了，把魏成友带回来的食物饱餐了一顿。

2月5日（正月十五）下午，土匪刘副官、刘连长又来了，说过节的酒肉已筹办好，明天来接他们上山。扯了一些闲话后，两个家伙就走了。

杨子荣对大伙说："'座山雕'这个老匪果真狡猾，经过这么多日子的'考验'，他还是疑虑重重，迟迟不让我们进山。现在又说明天接我们，不知是否还有什么变故？怎么办？"

大家说出了各自的想法，杨子荣听后说道："夜长梦多，不能再等了，咱们6个人，冒死也要闯闯这个龙潭虎穴！现在是对咱们最大的考验，我们一定要敢打敢拼，不怕牺牲，为人民而死是最大的光荣！"

大家听了，都表示坚决听从排长的指挥，战斗到底，决不退缩。

杨子荣又说："我们主要是为了消灭敌人。由于搞不清敌人情况，咱们也不能暴露身份，要继续装土匪，骗取敌人信任，而且要争取主动。我的想法是，明天土匪再来，就先把他们绑上，叫他们领咱们进山，相机行事。如果被敌人识破，就进行强攻，大家要各自为战，不能被土匪全吃掉，谁活着谁就回团部送信！”

大家都表示同意，共同立下了生死状。随后，他们又针对可能碰到的问题，进行了认真的研究，每个人都作好了充分的思想和行动准备，甚至为此而献出生命的打算。

踏匪穴智擒匪首“座山雕”

1947 年 2 月 6 日（正月十六）下午，姓刘的两个土匪来了，他们奉“座山雕”的命令，来请胡副官（杨子荣）兄弟 6 人上山入伙，有官同做，有福同享。

刘副官和刘连长被让进木棚，杨子荣拿出熟肉和馒头招待他们，说是他们又去“赶”了一次吃的，带上山去孝敬“三爷”和弟兄们。两个土匪喜笑颜开，一边吃着肉，一边夸奖“胡副官”的弟兄们真够意思。

这时，杨子荣说：“对不起，兄弟出去方便

一下。”

刘副官嘴里嚼着肉，说：“随便，随便。”

杨子荣来到棚外边把周围看了个遍，确认没有其他土匪，转身回到棚子里，大声说：“天这么冷，还不加些柴火！”

5 名侦察员听到暗号，立即扑了上去，下了两个土匪的枪，又把他们绑得结结实实的。两个家伙不知是怎么回事，吓得直喊：“别这样，都是自己人！”

杨子荣生气地骂道：“你们他妈的别尽说好听的，根本没把我们当作自己人，太不够交情了。弟兄们等了这么多天，都要饿死了，也不领着上山，你们到底安的是什么心？”

刘副官赶忙辩解说：“这是三爷的意思，考验一下你们是不是共军。”

“放你娘的狗屁，这叫什么考验，纯粹是刁难，是想把我们饿死。我还怀疑你们两个小子，是不是把三爷给我们的给养独吞了。快说，是不是？”

两个家伙哆嗦着说：“没有，没有，我们不敢，确实是三爷要考验你们是不是真的‘自己人’！”

杨子荣厉声说道：“你们两个小子的话我信不着，现在，只好委屈你们一下，领我们去见三爷。他要是真的不够意思，我们就走人，天底下这么大，哪里没有我们弟兄的立足之地？笑话！”

孙大德插言道：“就是，咱们干吗非得在他这一棵树上吊死！”

侦察兵们挥着枪，齐声说道：“对！真不够意思！”

“有话好说，有话好说。”两个土匪吓得面如土色，生怕胡副官的弟兄火气上来，把他俩崩了。

杨子荣把手一挥，说：“刘副官，这位连长，咱们走吧。见了三爷，问明白了，如果是三爷的意思，那让你们受委屈了，兄弟我给你们赔不是。”

“好，好。”土匪连声答应，他俩走出窝棚，杨子荣 6 人跟在后边，向深山里走去。

天黑了，山里的雪越来越深，根本没有道儿。要不是有这两个土匪领着，根本找不着路。

为了缓和紧张气氛，杨子荣不停地讲些天南地北、神仙鬼怪、男女偷情、争风吃醋的民间传闻和趣事。他讲得活灵活现，妙趣横生，逗得大家哈哈大笑。两个被捆绑着的土匪也跟着嘿嘿直乐。刘副官更加相信杨子荣是“自己人”，于是急于表白和奉承：“胡老弟能说会道，真是文武双全，管保三爷喜欢！”

借着雪光，走了 20 多里路，到了大砬子山，山口处设有土匪的第一道卡子房，站在小窝棚里的匪哨兵听到踏雪声，走出来喝问：“什么人？”

刘连长赶忙回答：“自己人！”

孙大德迅速上前把岗哨的枪缴了，也绑了起来。匪兵“哎哎”了几声，见刘副官和刘连长也被绑着，弄不清是怎么回事，就没敢再吱声。

刘连长对匪兵说：“跟着走吧，一会儿就没事了！”

他们继续往前走，越往山里，道儿越不好走，山崖上只有土匪踩出的一行脚印。走了 2 里多路，前边出现一个马架子房，门前持枪的岗哨远远就大声问：“什么人？”

“自己人！”还是刘连长答话。

侦察员上前又轻易地把这个哨兵的枪下了，

照样绑起来。杨子荣推开门一看，里边还有十来个人在睡觉，一股闷热的臭气冲出来直呛鼻子。

刘连长过来解释说："这些都是干活的弟兄，锯箩圈板的，没有枪。"

杨子荣疑惑地问："为什么不给他们发枪？"

刘连长显摆地说："这就是三爷的高招，为了让外人不知道虚实，也容易和老百姓来往！"

为了捉拿匪首"座山雕"，俘虏太多不好对付，所以杨子荣没叫这些人起来，仍让他们睡觉。

又往前走了 2 里多路，眼前出现一个小房子，站着两个岗哨，这是第三道卡子。杨子荣越发感到"座山雕"这个老匪的奸猾，不知道前边还有什么障碍，到匪穴也不知还有多远。于是佯装发火，对刘副官叫喊道："怎么尽绕圈子，走了这么远的路还不到，是不是不想让我们见三爷？"

"不是，不是，让见，让见。因为这条路最秘密，很不好走，前边不远就到了。"刘副官赶忙解释说。他又和岗哨打了声招呼，侦察员们上去，照样把两个哨兵的枪下了，又绑了起来。

杨子荣愤愤地说："张三爷太不够意思了，对我们太苛刻了！”

又走了一阵，刘副官说：“到了！前面就是。”

大家这才看见，不远处闪着微弱的灯光。“座山雕”的老窝终于找到了，马上就要与匪首们决战，侦察员们都紧张了起来，心“怦怦”直跳。杨子荣说了一句事先约定的暗语：“到地方了，该歇歇脚吧！”

侦察员一齐动手，用毛巾和撕下的衣襟，把6个土匪的嘴死死地塞住，又把他们牢牢地绑在树上。杨子荣叫孙立珍、赵宪功、耿宝林3个人看押着，他则带着孙大德和魏成友，端着匣枪悄悄向灯光处摸去。走了100多米，才看见一座埋在雪里的大马架房子，门朝南，门前没有岗哨，灯光就是从房子的窗户透出来的。

他们摸到房子跟前，杨子荣一脚把门踢开，枪口对准地炕上的土匪，喊了声：“别动！”

孙大德和魏成友紧跟着冲进屋，一个站在西南角，另一个站在东南角，3支匣子枪张着机头，同时对准土匪。

屋里点着一盏马灯，还有松明子。杨子荣

看见躺在炕上一共有 7 个土匪，炕头上是一个瘦小的老头，约 70 多岁，黑脸膛，白头发，鹰钩鼻子，下巴上一撮白山羊胡子，两只深陷的小眼睛闪着凶光。杨子荣估摸着此人就是老匪首“座山雕”。

老匪头看到有生人闯进屋，迅即伸手去枕头底下摸枪，杨子荣一步跨过去，踩住老匪头的手，把枪抽了出来，扔到一边。

杨子荣厉声命令道：“起来，穿上衣服！”

此刻，杨子荣心里飞快盘算着，土匪人多，不好对付，还是继续装土匪往下演戏吧。于是故作愤怒地斥责“座山雕”：“你张三爷太不够朋友了，不论怎么说，咱们都是打的蒋委员长旗号，我听说你的大名才投奔而来，你却这样不讲义气，这么着折腾我们。”

“座山雕”一听，原来是刘副官联络要入伙的那股人，不由得松了口气。他干笑了两声说：“这是误会，自己人好说。现在风声很紧，我不得不考察你们是不是共军。”

杨子荣继续斥责说：“什么误会，我看你是成

春夏秋冬
東西南北

心给我们设圈套。考察也不是这么个考察法，差点没把我们饿死，真让人寒心呐。我本想和你们合伙，这么看，还是算了吧。既然你信不过我们，咱也没有在你这里发财的缘分，我们就不留在这里了，去吉林投奔国军。”

“座山雕”说：“何必这样呢，都是自家人，有话好商量。”

杨子荣坚定地说：“不了，你走你的阳关道，我走我的独木桥。兄弟我知道，这一带到处都是三爷的人，有劳三爷借条道给我们，送我们一程。出了你们的地盘，就让你们回来。”

“座山雕”叹了口气说：“既然弟兄执意不留，那就恭敬不如从命，就照老弟说的办，我派人送你们！”

杨子荣又理直气壮地说：“那不行，你怀疑我们，我还怀疑你呢，不能让你们一面派人带路，一面去报告八路军抓我们，你们都得送！”

“座山雕”觉得理亏，又似信非信，只好答应：“那好，就都去送！”

杨子荣晃动着枪口说：“那就对不起了，还

得委屈你们一下，得把你们捆上。你们道路贼熟，要在路上跑了，去给八路送信，那我们不是自寻死路。”

“座山雕”面对黑洞洞的枪口，强压怒火，只得无可奈何地点头答应：“就依你说的办吧！不过，到国军那里要是发达了，可别忘了我张某是怎么送你们上路的哈。”

杨子荣笑了笑说：“忘不了，滴水之恩，当涌泉相报，何况是送我们奔前程。”停了停，他又补充道：“你们的枪我们一支不要，出了山，就把枪栓还给你们。我们插在黑石砬子的一挺机枪和十几支步枪也都送给你们。”

他让土匪们转过身，面对墙站着，孙大德和魏成友迅速把他们的双手牢牢地捆绑上。

杨子荣 3 人进屋不大一会儿工夫，就干净利落地将这个老奸巨猾的大匪首及其“八大金刚”全部活捉。

一切收拾停当，杨子荣下令出发。他们把土匪带出屋子，和孙立珍等 3 人会合，将 13 个土匪分开牵着。杨子荣牵着“座山雕”和两个姓刘的匪首走在前面，孙大德和魏成友各牵两个跟着，孙立珍、赵宪功和耿宝林各牵两个走在最后。这一行奇怪的队伍，由“座山雕”领路，一直向南走去。

“座山雕”这个老匪，虽然年岁大，可走起山路来却非常轻快，后边的人需小跑才能跟上。

爬过一座山，天蒙蒙亮，树林子也稀疏起来。“座山雕”停住说：“再往前走就是海林了，那里有八路军的团部，我们往西走，奔横道河子吧！”

杨子荣知道快出山了，就坚持说：“还是往南走，道儿近，你们怕八路，我们不怕，到山边了就让你们回去。”

“座山雕”无奈，只好又往前走。到了山下，天已经大亮，远远看见团长派来在这里拉木头的两辆大车。

“座山雕”说：“可不能再走了，那八成是八路的大车，快躲开！”

杨子荣笑着说：“怕什么，那正好，卸他几匹马，骑上走得更快。”

匪连长一听不妙，猛地挣脱杨子荣手里牵着的绳子，转身就跑。杨子荣扣动匣枪扳机，一枪打中了他的小腿。孙大德等也大喊："不许动！"

大车那边有一个班的战士，是来这里接应的。他们听到枪声，一边向这边跑来，一边大声喊道："什么人？口令！"

魏成友大声回答："人财！回令？"

"两旺！"那边战士对上口令，迅速跑过来。

"座山雕"见杨子荣和来的人对口令，大吃一惊，结结巴巴地问："你，你们是……"

杨子荣不禁哈哈大笑起来，风趣地说："真对不起张三爷、张司令，俺哪是什么吴三虎的人，吾乃真正的共军侦察员是也！您老落网了！"

"座山雕"一听，双腿一软，瘫坐在地上，哀叹说："咳！真晦气，张大帅没整了我，少帅和日本人也没对付了我，这次却被你们几个土八路小子给逗了。真是打了一辈子鹰，最后还叫鹰鸽了眼，真窝火……"

侦察员们听了，大声笑了起来。

杨子荣指挥侦察员把 13 个土匪的绑绳又挨个

检查了一遍，牢牢地绑结实。再让战士们把车上的木头卸下来，把土匪押上两辆大车。又叫班长卸下一匹马，让魏成友骑马回团部去报告。

魏成友高兴地接过缰绳，飞身上马，朝海林镇奔去。

05 英名传大地

庆胜利六英雄荣立大功

魏成友飞马跑回团部，跳下马，直奔团首长的屋子，上气不接下气地说："首长，抓……抓住了！"

王团长急忙问："抓住谁了？"

魏成友涨红着脸，张着嘴大口大口地喘气。王政委把搪瓷缸递给他，亲切地说："别急，先喝口水，慢慢说。"

魏成友赶紧喝了口水，平静了一会儿说："我们抓住……抓住'座山雕'了！"

王团长和政委听后万分惊喜，齐声问道："真的？在哪儿？"

“在供给处的大车上，正在回来的路上呢！杨排长让我先回来报信。”

团长追问：“抓了多少人？”

魏成友兴奋地说：“连窝端了，一共 13 个！”

“呵呵，好样的，这几天可把我们急坏了，快坐下，说说是怎么抓的？”团长和政委高兴得嘿嘿直笑。

魏成友坐在板凳上，连说带比画地把抓土匪的经过讲了一遍，团首长们竖起大拇指：“真行啦！了不起！了不起！”

团长对政委说：“赶紧向军区报告一下吧！”政委说：“行，我这就去打电话。”

牡丹江军区接到报告，首长们都非常高兴，田松副司令员立即策马赶来海林。

活捉大匪首“座山雕”的消息传开后，整个海林镇都沸腾起来了，人们围到第 2 团团部，要看看那个赫赫有名的“座山雕”是个什么样。

团首长告诉他们，杨子荣押着“座山雕”正在回来的路上。群众又涌到镇口，翘首相望。农会主席贾润福立即组织群众找来锣鼓在路口敲打起来庆祝。

太阳偏西时，两辆大车慢慢驶来。几个孩子远远望见，飞一般朝镇口跑来，嘴里不停地喊着：“来了，来了！”

迎接的人群跳跃着，欢呼着，欢庆的锣鼓敲得更响。

杨子荣看见田副司令员、第2团首长和海林县委、县人民政府的领导都来了，几百名群众围在镇口，立即叫停车，命令土匪下来，领着侦察员们排成一行，威武地押着土匪往镇里走。

杨子荣跑到田松副司令员面前，一个敬礼，然后大声报告：“第2团侦察排，活捉匪首‘座山雕’张乐山及以下13人，现已押到！”

“好！同志们辛苦了！”田副司令员紧紧地握住杨子荣的手：“我代表军区党委、军区首长向你们表示热烈的祝贺！”接着又和侦察员们一一握手。

田副司令员看了看这位“匪名赫赫”却又干瘦的“座山雕”老头，讥讽地说：“张司令，听说你败在我们几个‘土八路’娃娃手里，还有些不服气？你要是真不服气，我可以放你出去，你再和娃娃们较量一番，怎么样？”

“座山雕”抬头看了看面前这个如雷贯耳的田松司令，摇摇头，长叹一声说：“拉倒吧，我完蛋了！”

田副司令又笑着说：“说来也巧，你是2支队，我也是2支队。可是，你的人是越打越少，我的人是越打越多，这是为什么呢？”接着，他抬高嗓门，“那是因为我们有共产党、毛主席的正确领导，有千千万万人民群众的支援，胜利永远属于我们！别说你一个小小的老山雕，就是谢文东、李华堂那些所谓的‘大老虎’和上百万的日本侵略军，还有全部美式装备的蒋家军，照样被我们打个稀巴烂。”

“座山雕”听了颓丧地低下了头，他对这位同样是2支队但比他更威名赫赫的东北民主联军的司令，不敢直视。

刘克文县长走过来，紧紧地握住杨子荣的手说：“我代表全县人民感谢你们！”

王团长、王政委、罗副团长走过来，拉着杨子荣的手高兴得直笑。

群众围住“座山雕”大骂：“你这个老不死的，祸害了多少人！”“打你这个狗日的！”“打你个老王八蛋！”

人群愤怒了，举着拳头呼喊着，无数的雪团朝“座山雕”和那些匪徒的头上、身上打去，吓得匪徒们藏头缩脑，东扭西躲，丑态百出。

经过审讯，活捉的13个土匪中，除“座山雕”张乐山外，还有联络部长刘兆成、秘书官李义堂和连长刘忠汉（外号刘扒皮）等。

对残留在山中的其他土匪，第2团立即派部队进去围剿。最后俘虏土匪25名，缴获了一批粮食和枪支弹药，烧毁了所有的匪窝棚。至此，“座山雕”股匪被彻底消灭。

2月11日，第2团在海林镇小学操场上，隆重召开庆祝活捉“座山雕”等土匪的公审大会，海林镇和附近村屯的群众1000多人赶来参会。人们高举拳头，愤怒地呼喊：

“打倒‘座山雕’！”“肃清土匪！”

“座山雕”等土匪被押上审判台，接受了人民的审判。公审完毕，人民政府判处匪连长刘忠汉、刘兆成等6名罪犯死刑，立即执行枪决。其余匪徒继续关押受审。

“座山雕”被押送到牡丹江军区，由军区政治部保卫科组织审讯，查清土匪残余潜伏人员并核实“座山雕”的罪恶事实。保卫科科长黄夷在审问他时，“座山雕”哀叹着说：“我败在你们的土改上，从那以后，穷棒子和你们一条心，我山下的哨子一个个完了，我成了瞎子、聋子。”

当审讯人员严厉指出他所犯的罪行，必须向人民低头认罪，听从人民政府的裁决时，他对“人民”二字非常害怕，连声说：“我有罪，我认罪！可千万别把我交给屯里人，那样我连个囫囵尸首也落不下的呀！”

由于“座山雕”罪行累累，民愤极大，绥宁省委和军区决定在牡丹江市召开万人公审大会，控诉之后，决定处以极刑。他在等待审批关押期间，因肺炎不断恶化，经军区医院派医生抢救无效，死于监狱中，结束了他72年罪恶深重的一生。

“座山雕”落网后，《东北日报》以“战斗模范杨子荣等活捉匪首‘座山雕’”为题进行了报道，赞扬了他们以少胜多歼灭股匪的战斗范例。东北军区《前进报》对杨子荣的英雄事迹也作了大量的宣传。从此，东北人民知道了八路军里有个“贼大胆”的杨子荣。

牡丹江军区独立第2团隆重召开庆功大会，团党委分别给杨子荣记三大功，给孙大德和魏成友各记一大功，给孙立珍、赵宪功、耿宝林各记两小功。团首长和县委主要领导人给功臣们戴上光荣花，并合影留念。号召全团向英雄功臣们学习，英勇杀敌，多立战功。

会场上，大家强烈要求杨子荣上台介绍经验。杨子荣在热烈的掌声中走到台前，红着脸笑着说：“同志们，我说句心里话，小经验还没有总结出来，大经验嘛，只有一条，那就是为人民事业生死不怕，对付敌人就一定神通广大！”

县长刘克文号召全县人民向部队的功臣们学习，积极报名参军，发展生产，捐款献物，拥军优属，以实际行动支援前线打胜仗。在杨子荣英雄事迹的感召下，海林全县掀起了送子参军、送夫上前线的热潮。

血洒闹枝子沟

就在《东北日报》刊登活捉“座山雕”消息的第二天，即2月20日，第2团接到军区命令，要求立即派部队进入梨树沟，搜剿在那里残害百姓的李德林股匪残部。

李德林原是海林北部头道河子的伪山林把头，日本侵略者投降后，纠集起500多人的土匪队伍，被国民党挺进军上将总司令李华堂委任为“东北挺进军滨绥图佳保安第3旅”少将旅长。旅部设在二道河子街，曾占据伪满洲国的火力发电厂、火锯加工厂和森林小火车，独霸一方，与我民主政权对抗，疯狂杀害土改干部和无辜百姓，血债累累。经我军第2团和第14团的多次打击后，大部分被歼灭，只剩李德林携3个儿子及其匪部残余，继续流窜在梨树沟、黑牛背等地。匪部最凶恶的骨干分子有营长刘维章、副官兼卫队长丁焕章（外号丁疤瘌眼）、惯匪大盗副连长郑迹险（外号郑三炮）。这次梨树沟出现的土匪，可能就是这几个家伙。

第2团党委开会研究，一致认为，要消灭这股残匪，再用化装土匪捉“座山雕”的办法显然不合适，派大部队进剿，大雪封山也很难找到匪窝。最后决定，由侦察班、机枪班组成30余人的小分队，采取“侦打结合”的办法歼灭残匪。

曲波副政委刚从牡丹江养病回来，主动要求带领小分队进山，团党委同意了他的意见。侦察排长杨子荣由于连续带队侦察作战，特别是刚抓回“座山雕”，非常疲劳，团党委考虑让他好好休息几天，由其他同志带队侦察。

杨子荣得到消息，立刻找到团首长，要求再次带队。

团长看着他清瘦的面孔，摇摇头说：“这次让别人去吧，你好好休息几天。”

杨子荣争辩道：“首长，你看我又没病没灾的，休息个什么劲。况且我对那一带地形熟悉，好多老百姓我也认识，我跟土匪打交道也多，还是让我去吧，让别人去，我真有些不放心呢……”

团长也这么考虑过，担心他身体吃不消。但看他那股磨劲，不由得笑了起来。团长点着他说："你呀，要是缠起任务来，可真是顽强。"

杨子荣嘿嘿直笑。

团首长们交换一下眼色，大家都笑着认可了。团长最后松口说："那你就去吧，带几个人，先把匪窝找到。"

杨子荣高兴地回到排里，安排孙大德、魏成友、赵宪功、耿宝林、孙立珍 5 名侦察员随他行动。

牡丹江军区侦察科科长罗江，得知杨子荣随小分队活动，为了学习他的侦察经验，特派褚光彩等两名侦察员到侦察班参加侦察活动。

又要出发了，杨子荣觉得还有许多事要做。他答应过团长，尽快把侦察经验写一写，报给军区。团长说这不是他个人的事，看来，只有等打完这一仗了。

他答应过海林镇的民兵队，去讲智擒"座山雕"的故事。这也是宣传，不过，等打完了这一仗吧。

他答应过孙玉琢的老娘，一定到她家去吃顿饺子，再不去，要伤老人的心了，打完这一仗，一定得去。

他也答应过魏成友，要跟这位小战士回他老家一趟，魏成友的父母几次托人捎信，让儿子把杨排长领回家让他们看看，自己也好借机当面向老人讲讲这个“小家伙”的勇敢机灵，打完了这一仗吧。

他该给老家打封信了，离开家一年多没音信，老娘和妻子一定是很着急的！打完了这一仗，回来一定要写，把自己来部队的情况告诉她们，她们应该会高兴……

他还想了许多要办的事。忽然，他不由得笑了起来，马上要打仗了，怎么这么婆婆妈妈的。

杨子荣带着侦察员先行，曲波副政委带小分队随后跟进。侦察员们身着便衣，坐着爬犁，出了海林一路北行 140 多里，黄昏时分到达梨树沟，这里又称黑瞎子沟，梨树沟屯就在这条沟里。

为便于探听匪情，杨子荣决定装土匪进屯子。他们进村后来到人群多的地方大喊道：“屯长在哪儿？”

屯长姓王，听见喊他，赶紧跑过来。他表面上顺从土匪为其办事，以保性命安全，暗地里拥护共产党，为八路军办事。过去部队剿匪来过这里，他见过杨子荣。当他点头哈腰地走到喊他的“土匪”面前时，一下子愣住了，这不是八路军的杨排长吗？

他刚要说话，杨子荣连忙递给他一个眼神，并喝道：“快！马上给我们弟兄安排吃住，明天一早，老子们要去横道河子！”

侦察员们听了心里明白，这是杨排长在声东击西，故意迷惑屯子里的土匪眼线，以防给土匪报信。于是也跟着大声威胁屯长：“还磨蹭什么，快点去呀！”

王屯长会意，连忙说：“是！是！马上安排！”说完就领着他们向屯东头的卢德全家走去。

卢家很穷，屋里点着松明子，5口人只有两条破被。卢家人见来了几个骂骂咧咧的“胡子”，吓得战战兢兢，赶紧把他们让到南炕，自家老小挤在北炕上，又给他们做了点吃的。这些人也没嫌吃得不好，还吃得挺香。吃完，就头朝炕里，和衣躺下睡觉。

卢家人感到这几个人和以往的胡子不同，似乎明白了一些，于是赶紧把两条破被送到南炕，给几个人盖上。可奇怪的是他们不用，那个领头的又给送回北炕。卢家人这回明白了，他们不是胡子，就又把被子送回南炕，而杨子荣又把被子送了回去，来回推让好几次。卢家人过意不去，又把枕头扔给南炕，杨子荣又给扔了回去。最后杨子荣来到院子里，找了几块木绊子拿进屋，分给侦察员们当枕头。卢家人非常感动，一辈子都没见过这样的"胡子"。

鸡叫头遍，杨子荣把侦察员们推醒，蹑手蹑脚地离开了卢家。睡在北炕上的卢家人，竟一点也不知道他们是什么时候走的。

他们出屯子，往沟里走去。越走雪越深，战士们几乎是在雪地里爬行，不一会儿便累得筋疲力尽。天亮后，他们已走出了十几里地。大家靠在树干上吃干粮，正吃着，杨子荣的眼前一亮，揣起干粮袋，就朝前面的一棵大树奔去，侦察兵们以为发现了情况，也都紧跟着跑过去。到了树下，大家仰头一看，原来树杈上放着一个装满东西的麻袋。

孙大德肯定地说："这是土匪放的粮食。"一听说土匪，大家脸上立马浮出了笑容，疲劳消除，浑身一下子都来劲了。

杨子荣说："看来我们离匪窝不远了。走！再找找！"

他们继续往前走，过了一个小山包，在一个背风的石砬子下边看见一个小窝棚，杨子荣观察了一会儿，不像是土匪，警觉地上前推门一看，里面是一个打皮子的老人。杨子荣上前笑着问："老人家，这里叫啥地方？"

老人惊愕看着来人，半天才说："叫闹枝子沟！"

杨子荣亲切地和老人唠了起来："老人家，我们是关里来的八路军，是来打胡子的，您老听说了吧？"

听说是八路军，老人脸上浮现出了一点笑容："听说了，你们可真是好人呐！"说完，"吧嗒吧嗒"地抽了几口旱烟。

杨子荣也掏出小烟袋，一边和老人对火抽起来，一边和气地探问：“那您老可知道胡子在什么地方？”

老人捋捋花白的胡子，想了想说：“再往北走不多远，那里有个日本鬼子盖的工棚子。鬼子垮台后，劳工都走没了，剩下个空棚子，胡子可能躲在那里。”

谢过老人，杨子荣又继续向北走。走了五六里地，果然在一片空地上，看见一个大棚子。侦察员们散开，杨子荣端着枪猫腰向棚子摸去。

棚子里静悄悄的，杨子荣一脚踢开棚子门，里边空荡荡的，没有人，地上有一堆烧过的木柴灰，他用手摸了摸还有余温，说明这里有土匪来过，而且离开的时间不长。杨子荣出屋，领着大家辨认地上的脚印，继续在周围搜寻，一直到太阳偏西，也不见踪影。这时山里特别的冷，林子太密，也看不清地上脚印，继续往前搜索，怕遭土匪伏击，于是决定先回梨树沟屯。

2 月 22 日半夜，杨子荣带着侦察员回到梨树沟屯，这时曲副政委带领的小分队正好也赶到了这里。杨子荣向曲波作了汇报，又找来王屯长，问了他山里的情况。

王屯长说：“那一带都是大森林，又没有路，一到冬天，就很少有人在那里。”

杨子荣问：“那一带还有什么窝棚、马架棚子什么的吗？”

王屯长想了想，肯定地说：去年 8 月间，羊脸沟的孟二连（外号孟老三）和土匪孙立云，在闹枝子沟盖了一个马架棚子，他们有时住在那里打猎。

杨子荣听后，“噢”了一声，感觉这是一个新的线索。他和曲副政委分析，土匪很可能就在孟老三的马架棚里落脚。于是商量决定，晚上不惊动百姓，小分队连夜离开梨树屯，向闹枝子沟进发。

此刻，闹枝子沟马架棚里包括孟老三在内的 7 个土匪，正进行着一场抉择。惯匪郑三炮头年冬天被我军打伤后逃到这里。不久，丁疤瘌眼和刘俊章带着程树林、马连德、牟成顺 3 个土匪也潜到这里来藏身。丁疤瘌眼虽然和郑三炮为“一枝花”而争风吃醋，被郑三炮打伤了腿，但此刻为了逃命，他们又凑到了一起。

丁疤瘌眼送给孟老三一支九九式步枪，想拉他入伙。孟老三对当土匪不感兴趣，不管入不入伙，满心喜欢的是打猎，有了快枪就高兴。

土匪们在这里用抢来的食物安安稳稳地住了一段时间，这一天忽然像有了什么预感，一个个焦躁不安。他们吵了半天，还是决定转移。

晚上入睡前，郑三炮吩咐孟老三："在你这儿住的日子不少啦，没漏风声算是运气，你明天起五更给我们准备些吃的，填饱了肚子我们就转移，到北大砬子再去搭一处地窨。"土匪们带着好梦睡去了，他们绝对想不到，正义之剑已朝他们的头上砍来。

2 月 23 日黎明之前，小分队来到打皮子老人的窝棚处，杨子荣建议："曲副政委，人多容易暴露目标，是不是你先在这里等着，让战士们休息，我领几个人再去侦察一下。"

曲副政委同意后，杨子荣带着孙大德、魏成友等人向北搜索侦察。他们又来到那个空工棚，看看里边有没有什么变化。

杨子荣在棚子西面发现有一趟脚印，初看像一个人走的，仔细查看后，发现是几个人走的一个脚印，一直伸进林子里，而且走的时间也不太长。这是什么人走的脚印呢？会不会是打皮子老人踩的？杨子荣决定回去证实一下，并向曲波副政委报告这一情况。

杨子荣问老人："老人家，我们在您说的那个空棚子西边，看见一串脚印，是不是您老人家走过的？"

老人吧嗒着烟袋，想了想，摇摇头说："不是我走的，我没去过！"

杨子荣又问："听说羊脸沟的孟老三在这沟里搭了个马架子窝棚，您知道在哪块吗？"

老人不在意地说："就在工棚子西边十来里地。"

这回完全明白了，土匪肯定是在孟老三的窝棚里。

杨子荣不再询问，他看了看曲波副政委，说："我看咱们可以行动了。"

曲副政委点了点头，说："可以。你带几个人先走一步，我带队随后跟进。”

杨子荣立即叫来孙大德、魏成友、耿宝林等侦察员，让他们把武器仔细检查了一遍。杨子荣看大家收拾停当，请示道：“曲副政委，可以走了吗？”

曲副政委握住杨子荣的手，打量着他的脸，抬起手碰了碰他的下巴，小声说：“胡子都这么长了。”

杨子荣不好意思地笑笑，说：“打完这一打仗就刮。”

曲波点点头，叮嘱说：“一定要大胆细心，我们随后就到。”

“是！”杨子荣向曲波敬了个礼，便带着侦察员一行出了窝棚向西北方向走去。

曲波站在窝棚前，目送杨子荣远去，心里赞许，真是个好同志！对，还是个胶东老乡。想到老乡，他又责怪起自己来：真是的，成天待在一起，也没谈起过他是哪个村的，家里情况怎么样？

这时，机枪班长跑过来请示：“首长，几时出发？”

曲波看了一下表，说：“再等半小时，让大家轮换着到里边来暖和暖和。”

天渐渐亮了，雪地上的脚印看得越来越清楚。杨子荣循着脚印走，心里计算着打皮子老人说的距离还有多远。

约半个小时后，曲副政委带着小分队也出发了，他们在后边跟进，队伍与杨子荣侦察班拉开二三里的距离。

杨子荣走着走着，发现脚印突然不见了。侦察员们互相看了看，迅速靠到一棵棵树干旁，机警地观察着周围。

观察了一阵，什么也没有发现，四周静悄悄的。杨子荣走到一棵大树下，甩掉大衣，攀着树干，噌噌地爬了上去。他站到高处树杈上向四下张望，突然看到北面四五百米远的林子里，有一缕青烟时隐时现地往上蹿。他仔细看了一阵，没错，是烟囱冒的烟，土匪的窝棚终于找到了。

他跳下树，对侦察员们说：“找到了，就在北边，我们走！”杨子荣在前，大家排成一路向北，走了不一会儿，果然看见前边山窝里的马架子窝棚。

杨子荣趴在地上观察了一下地形，窝棚门朝南，前边有一小片空地，要靠近不太容易。大家脚上的靰鞡鞋都冻得硬邦邦的，一踩雪便吱吱地响。树枝也冻得发脆，轻轻一碰便发出响声，极易被土匪发现。杨子荣想了想，“哧”的一声将皮大衣里子撕下一块，包住了脚上的靰鞡鞋，又用绑腿缠住，然后向前爬去。孙大德、魏成友几个人也照杨子荣的做法，包好鞋，声音减弱了许多。

他们摸到距离窝棚 100 多米时，孙大德赶到杨子荣身旁，低声说："排长，用枪叫叫吧，他们一露头，就干掉！"

杨子荣摇摇头说："不行，枪一响，土匪就可能冲出来跑掉，咱们还是摸到跟前，出其不意，抓活的。"

爬到距离窝棚二三十米时，杨子荣仍不开枪。这时，窝棚里的郑三炮感到棚外有动静，叫马连德出去看看。马连德端盆水出来倒了，又东张西望地看了一阵，然后走到窝棚旁边去小便。他解完手，又向周围看了看没发现什么，就慢腾腾地回到窝棚，关上了门。

杨子荣看见出来的人回到屋里，立即向后边的侦察员一挥手，接着飞身跃起，向窝棚门冲了过去。孙大德、魏成友紧跟在后。杨子荣冲到窝棚门口，靠在当作门框的大树干上，一脚踢开门，大声喊道：“不许动，举起手来！”正好一阵寒风吹过，吞没了他的声音。

屋里的土匪见门开了，以为是被风吹开的，待看清门旁站着一个端枪的人时，顿时乱作一团。丁疤瘌眼拖着伤腿，生怕同伙扔下他跑了，声嘶力竭地叫嚷道：“谁也不准跑，都给我打！”土匪们急忙操起枪来。

杨子荣站在明处，门开得不大，屋里烟气蒙蒙，看不清里边，听见拉枪栓的响声后，他扣动匣枪的扳机，却没有打响。孙大德端着苏式轮盘枪向屋里扫，同样原因也没打响。后来才知，原来是早晨在打皮子老人窝棚里问情况时，棚子里烧火炉温度高，枪膛见热“缓霜”，出来时又遇冷，撞针受冻卡住了。

孟老三听到丁疤瘌眼的叫喊，从呆愣中醒过来，慌慌张张地朝门口打了一枪，然后夺门而出，

没命地朝林子里跑去。后面的侦察兵见了，朝他连开了几枪，也没打着。

就是孟老三的这一枪，不偏不倚地打在了杨子荣的胸口上。他晃了几晃，倒在了门旁。他挣扎着，左手不由自主地捂着胸前的伤口，右手连忙掏出手榴弹，但却怎么也举不起来。鲜血染红了他的军装，染红了地上的白雪。

孙大德扑过去，抱住杨子荣往旁移了移，连声喊着："排长！排长！"

杨子荣脸色煞白，睁眼看着孙大德，用手指着窝棚，声音微弱地说："大德……任务……"话音未落，杨子荣头一歪，停止了呼吸。

孙大德心如刀割，哭喊着："排长，排长！"魏成友冲上来，用匣子枪猛烈射击，侦察员们也一齐向窝棚开火。

听见枪声，曲波副政委带领小分队冲上来，听说杨子荣牺牲了，感到非常震惊，他大声喊道："给我狠狠地打！"

机枪对着窝棚猛扫，打得积雪纷飞。屋里的土匪顽抗着，郑三炮使一支大镜面匣子枪，"叭叭"

地向外边射击，他边打边爬到门口想逃走，曲波的警卫员李恒玉站在一棵树后，一枪把郑三炮击毙，其他人也一齐向这个恶魔射击。

曲波命令：“快，上房，用手榴弹炸！”

魏成友迅速把 5 颗手榴弹绑在一起，飞快地从东边绕过去，把冒着烟的集束手榴弹从窗户塞进去，然后一个筋斗翻下来，落到雪坑里。

随着一声巨响，马架子棚盖带着烟火飞上了天，屋里的匪徒，除了马连德顶着大铁锅趴在地上没被炸死外，其余的 5 个匪徒全都见了阎王。

孙大德悲痛地从战士手里抢过一支冲锋枪，狂喊着，朝匪徒们的尸体狠扫了一阵，然后扔下枪，抱着头蹲在杨子荣的身旁呼天喊地大哭起来，他边哭边用拳头捶打着自己的胸部：“我真没用啊，我的枪怎么打不响啊！我是干什么吃的，都是我不中用，没保护好杨排长……我的枪要响了，排长，也许，就……呜呜……排长啊……”他无法原谅自己，打了多少次仗，自己的枪怎么就在那个时刻打不响了呢？

魏成友和侦察员们也都趴在杨子荣遗体旁，

哭成一片。曲波副政委流着泪，摘下帽子，战士们也都摘下帽子，向杨子荣低头致哀。

山风停止了呼啸，山禽停止了飞翔，万山肃立，林海悲鸣，向这位平凡而伟大、年仅 30 岁的侦察英雄默哀致敬！

痛悼英雄

战士们将窝棚上的破门板卸下来，把杨子荣的遗体轻轻地放在上面，小心翼翼地抬回梨树沟屯，停放在一间空房里。村民们听到噩耗，纷纷带着香和纸，到烈士灵前祭拜。村长找人赶做了一口上好的松木棺材，战士们哭着将杨子荣的脸、手擦洗干净，曲波副政委亲手将杨子荣的遗体入殓。

杨子荣神态安详，仿佛是静静地睡去了，睡得那么安稳。是啊，他太需要好好地睡一觉了。一年多来，他哪里正经睡过觉？许多晚上他是在行军路上走着睡的，是在深山密林中靠着树睡的，是在吃饭的时候端着碗睡的。每当能在屋里睡觉的时候，他总是睡在门口，冷风常常把他冻醒；他总是等战士睡下以后，给大家烤干鞋袜才睡……看着亲如兄长、爱似父母的杨排长，侦察排的战士们痛哭着、守望着，总想多看几眼，实在不愿意将那块木板盖上，把敬爱的排长和他们隔开。

小分队还需要在这一带活动，曲波副政委决定派人先把杨子荣的灵柩护送回团部。魏成友哭着要求去送，他和几个战友一起，将灵柩抬上轱辘车，推着往海林方向走去。

看着烈士的灵柩渐渐远去，曲波心里涌出一种说不出来的痛楚。杨子荣是自己从胶东带着出来的，看着他快速成长和不断进步，他是多好的同志和战友呀！曲波泪流满面地给团长和政委写了一封信，派人骑马先送到团部。

王团长接到信，拆开一看，不禁惊呆了，信纸从他手里滑落，飘飘悠悠地落到地上。他简直不敢相信这是真的，颤抖着双手，捡起信纸再看，上面是曲波的签名。噩耗来得太突然，他顿时泪如雨下，痛心不已。

消息很快传遍了第2团上下，干部战士无不为之恸哭。当杨子荣的棺椁送到海林镇时，驻地的第2团干部战士持枪肃立，将灵柩迎放到侦察排住的老油房院内。

王团长含着热泪和战士们一起收拾烈士的遗物。大家打开杨子荣的那个唯一的小包裹，看到里边除了麻绳、锥子、旧布、破皮子、旧鞋帮子、废鞋底子之外，没有一件像样的物品。

魏成友睹物思情，想起排长在灯光下、炉火旁，穿针引线的情景，又失声痛哭起来。

团长看着这些遗物，流着热泪，重复着杨子荣常说的一句话："鞋子就是命啊！"团长喃喃地说道："他是一个多么好的同志！一位难得的侦察奇才……"

杨子荣牺牲的消息像一阵风，吹到了海林镇的每一栋房屋，每一个家庭。大人流泪，孩子哭泣，人们一遍遍地喊着杨排长，纷纷赶到老油房院内去焚香烧纸，祷告祝愿，寄托他们的哀思。

孙玉琢的娘哭着包好饺子，送到杨子荣的灵前。哭着说："这孩子，说好了的，要到我家去吃饺子……”

民兵队集体到杨子荣灵前宣誓，一定要像杨排长那样，为人民打江山不怕牺牲，积极报名，参军参战。

镇农会主席代表农会，告诉杨子荣又发展了多少农会会员。

军区首长和机关得到杨子荣牺牲的噩耗，都为失去这样一位优秀的侦察英雄万分难过，指示第2团一定要将烈士的追悼活动安排好，表达对烈士的敬意，激励战士们英勇杀敌。

1947年3月17日，杨子荣牺牲后的第23天，整个海林镇仍沉浸在一片庄严肃穆的气氛中。上午11时，杨子荣烈士的追悼大会在朝鲜族小学操场上隆重举行。

参加追悼大会的有牡丹江军区首长、各团代表和第2团全体官兵，中共海林县委书记孙以谨和县长刘克文，还有各界代表及海林镇周围的人民群众共1000余人。团里还专门从牡丹江请来了殡仪馆的永合班奏乐。

追悼大会上，军区首长宣布了军区命令，将

杨子荣生前领导的侦察排命名为“杨子荣侦察排”。

追悼大会后，又为杨子荣烈士举行了庄严的下葬仪式。前面是两挺重机枪为先导，接着是全副武装的护卫班，再是手执一尺八唢呐的乐队。第 2 团连排以上干部轮流抬着 12 杠抬法的棺椁慢慢行进，军区首长、指战员、地方领导、各界代表和群众跟在后面为杨子荣同志送行。

随着烈士的灵柩被轻轻抬起，两挺重机枪对空射击，激越的枪声响彻云霄；乐班吹奏《哭天》的曲子，凄婉的音律如泣如诉；送行的人群，呜呜哭成一片。长长的送葬队伍一眼望不到头。

烈士入土了，无数的花圈和挽联放到墓前，人们肃立在周围，一块三丈多高的木质纪念碑竖立在杨子荣烈士墓前。

纪念碑顶端一颗巨大的铁制红五角星，闪着耀眼的光芒；碑面右边写着：为建立独立民主而奋斗的烈士千古；碑面正中间是：“英名永在，浩气长存”8 个大字；下款是：中华民国三十六年三月十七日。

烈士被安葬后，团长王敬之怎么也按捺不住

悲切的心情，脑海里浮现着一幕幕和杨子荣一起生活、共同战斗的情景，他彻夜难眠，为怀念和宣传杨子荣的光辉业绩，奋笔疾书了《英雄的侦察员杨子荣》一文，把杨子荣的生动事迹写了出来，送到牡丹江军区。不久，军区党委研究决定，追授杨子荣“侦察英雄”荣誉称号。

杨子荣烈士的英雄事迹迅速在海林传开，全县掀起了向杨子荣学习、以杨子荣为榜样的热潮，适龄青年踊跃报名参军参战。不到一年时间，海林县青壮年参军人数达 3419 人，整个牡丹江地区，在剿匪过程中和剿匪胜利后，先后补入前方主力部队或直接升级为野战军的部队多达 10 余个团。这些子弟兵将杨子荣的名字记在心里，奔赴祖国的各个战场。

海林县无论是参军的战士，还是支前的民兵，他们临行前，都要来到杨子荣的墓前宣誓和告别，以英雄大无畏的革命精神激励自己，相信英雄一定会和他们同行。

杨子荣牺牲的这次战斗，是整个牡丹江地区剿匪斗争的最后一次战斗，我党我军取得了与国民党及其反动军队争夺牡丹江这一“东北最基本的战略根据地”的伟大胜利。

就在杨子荣烈士牺牲4个多月后的7月7日，牡丹江军区独立第2团召开整编大会，第2团编入主力部队东北民主联军第1纵队第1师，奉命开赴前线，踏上了解放全东北、解放全中国的新的征程。

第二天清晨，全团指战员全副武装，肃立在杨子荣墓前，他们来向亲爱的战友告别。松涛阵阵，红旗猎猎，部队要开拔了，战友们又都哭了。亲爱的战友，你在这里安息吧！我们永远和你同在！你永远活在我们心中！

06 尾　声

寻英雄故里

杨子荣牺牲 9 个多月后的腊月天，一个闯关东的人回到山东省牟平县嵎峡河村，向村公所的干部密告说，他在牡丹江东部穆棱县下城子，看见过杨宗贵身穿黑棉袄，头戴貂皮帽，匪里匪气的，像是在当土匪。村公所的干部们听到这个“消息”，信以为真，当即派村公所看门的去把杨子荣 61 岁的母亲宋学芝叫到村公所，村支书一反过去对待革命军人家属的热情态度，冷冰冰地问：

“宋杨氏，你儿子杨宗贵上哪儿去了？”

宋学芝不知道出了什么事，当即反问说：“我儿子不是让你们打发当兵去了吗？”

村支书冷冷一笑说："当兵？他早开小差了，去当了土匪。"

宋学芝一听愣住了，气得不知道说什么好，指着村干部说："你们这是血口喷人！你有什么证据？"

村支书说："这你就不用问了，有人看见过。"他停了停又问："你说你儿子当兵去了，他在哪个部队？有他的来信吗？拿给我看看。"

"信？……"宋学芝被问得无话可说。自从儿子走了后，他确实没有来过信，这也是她最伤心和生气的事。

接着，杨子荣的妻子许万亮也被叫到村公所接受审问。许万亮哭着跑回家，嘴里不住地叨咕着："不可能，不可能，这不是真的！这不是真的啊！……"

村干部们逮着这么个"土匪"家属，怎能轻易放过。从此以后，三天两头就把宋学芝和许万亮叫到村公所，逼她们坦白交代。

1948 年春，村里通知不再以军属身份给杨宗贵家代耕了。他家没有牲畜，只得由他哥哥杨宗福扶犁，母亲、嫂嫂和妻子 3 个女人拉犁，对付把地种上了。

宋学芝咽不下这口窝囊气，她到村里去辩白，村干部不理；她到牟平县政府去说理，县里接待人员也推辞；她又跑到文登专署，人家说你儿子是从县里当的兵，还得回县里去解决。就这样，她不断地由村到县，再到专署讨个说法，每次往返 100 多里山路，不知洒过多少汗水，流过多少泪！

许万亮的母亲心疼女儿，想给她再找个人家，可她说什么也不肯，她要和被痛苦压弯了腰的婆婆相依为命，等着宗贵有个消息。然而，左等右等始终没有音信。全东北解放了，新中国成立了，全国也解放了，还是没有宗贵的一点消息。

许万亮终于顶不住巨大的精神压力，经不住对丈夫痛彻心扉的思念，她病倒了，再也没能起来。1952 年秋天，这位年轻的女人怀着期盼，带着遗憾死在了杨宗贵家里那三代人生老病死的铺炕上。

按照当地风俗，许万亮没有子女，死后无人给“抓土”，不能入杨家坟地。婆婆宋学芝实在没办法，只好让大儿子杨宗福把 5 岁的儿子杨克武“过继”给死去的婶婶，安葬的时候总算有人为她“戴孝”喊“娘”了。

埋葬完儿媳，宋学芝又到村公所去说理：凭什么听一面之词就认定我儿子是土匪？村公所里的人根本不理她，她又上县里，县里的人不管，说九九归一，什么事还得村里办。县里不管，宋学芝背着干粮，又上文登……她就这样锲而不舍地在嵎峡河村、牟平、文登弯弯曲曲的山路上，为小儿子的事奔走。她要向政府，向一切可以还她儿子的地方去要儿子。她不哭不闹，到哪里都只是一句话：“我儿子被你们打发当兵了，是死是活，你们给我个实信！”

1957 年 1 月，牟平县人民委员会经多年审查，确认杨宗贵同志为“失踪军人”，给宋学芝发了一张盖着县政府大红印章的第 924 号《失踪军人通知书》。

宋学芝哭了，高兴地喊道：“咱又是军属了！……”

整整 10 年，她一直遭受冷遇和白眼，现在她又扬眉吐气了，可以挺着腰板走路了。

1958年11月12日，一张盖着“中华人民共和国中央人民政府”红色印章的《革命牺牲军人家属光荣纪念证》送到宋学芝手中，她又成为光荣的烈属，受到社会各界的尊敬。

1960年，随着杨子荣的领导和战友曲波同志，根据他和杨子荣在东北牡丹江地区的剿匪战斗生活经历，创作的长篇小说及电影《林海雪原》相继问世和上映，杨子荣的英名很快响遍祖国大地，进入千家万户，可是没有人能想得到，电影里的侦察英雄杨子荣就是山东省牟平县嵎峡河村的杨宗贵，只有卧病在床的宋学芝始终觉得，那个杨子荣就是她的儿子杨宗贵。

一天，她对大儿子杨宗福说：“电匣子里老说杨子荣杨子荣的，是不是俺家宗贵呀？他也叫‘子荣’啊！”而杨宗福明明知道弟弟的字就叫“子荣”，却丝毫不敢往一起联系，还劝母亲说：“娘，你想到哪儿去了，天底下同姓同名的多了，俺兄弟不是失踪了吗？再说人家杨子荣多英雄啊，俺弟能到那份上吗？”

宋学芝摇摇头，喃喃地说：“我老觉得像……”她坚信电影里的那个杨子荣就是她家的杨宗贵。

宗福见母亲思儿心切，继续劝说道：“娘，别想那个了，要是的话，部队上怎么不打信给咱家呢？”

“那倒是……”宋学芝轻轻地叹了口气。

1966 年，80 多岁的老母亲宋学芝带着思念和疑问，在巨大的遗憾中离开了人世。

侦察英雄杨子荣的英名越发响亮，广大人民群众就越是渴望知道他更多更真实的故事。他生前所在部队要写他的事迹，却无法写他的出生地；杨子荣战斗、牺牲的海林县烈士陵园，要向广大参谒者讲述英雄的事迹，也无法介绍他的家乡故里。

部队的登记里和战友们的印象中，只知道杨子荣是山东省胶东地区人，于是，根据这一线索，他们派人去胶东大地寻访。可是有着 4.7 万多平方公里和数以千计城镇乡村的广大胶东地区，到哪里去寻找啊！第一次调查没有任何收获。

1967 年春天，济南军区、山东省军区、英雄生前所在部队和海林县民政部门组成联合调查组，再次赴胶东大地调查考证，仍无结果。

1969 年 5 月，曾为杨子荣只身闯匪穴，降俘土匪 400 多名而荣立特等功写过事迹报道的第 2 团 1 营干事姜国政，以某师副政委的身份，在北京召开关于杨子荣事迹和籍贯调查专题会。杨子荣的生前战友和有关单位 10 余人参加，共同回忆杨子荣是什么地方人，仍说法不一，有的说是荣城，有的说是文登，有的说是牟平，有的说是海阳，谁也叫不准。于是又组织人到牟平、荣城、文登、海阳 4 县调查，并把杨子荣参军的时间、背景和外貌特征等打印成文，发往 4 县的 50 多个公社，请当地民政部门协助查找。查了 2 个多月，仍无结果。

山东失踪军人很多，调查期间，曾有 127 人前来认领杨子荣为其儿子或丈夫，但经核查均被否定。后来又找到与杨子荣共同战斗过的 12 名战友回忆，其中有一位战友回忆起杨子荣曾说过他的家乡是牟平县的 ×× 河村，这一重要线索大大缩小了调查范围，后经查证得出结论，可能就是嵎峡河村。

就在这时，牟平县城关公社一位民政干部反映，嵎峡河村参军失踪的杨宗贵与调查组印的材料相符，他的老母亲曾多次上访寻找他的下落。于是调查组又多次到嵎峡河村进行走访和召开座谈会，村里的老干部、老乡亲提供了大量的可靠材料，证明杨子荣很可能就是该村的杨宗贵。

杨宗贵的好友、和他一起报名参军体检的韩克利也出来证实，杨宗贵参军时改过名，他和杨宗福都说见过杨宗贵有个刻着“杨子荣印”的名章，杨宗贵的字就叫“子荣”。

经过初步认定，失踪军人杨宗贵就是要查找的著名英雄杨子荣，但仍没有就此完全肯定。当时因受“文化大革命”极左思想的影响，认为其直系亲属母亲和妻子都去世了，他哥哥杨宗福是普通农民，表现不突出，不具备英雄亲属的先进思想水平，会影响样板戏中杨子荣的高大形象。所以，暂时还不便公开认定，只笼统地说是胶东半岛人，等以后再说。因此，本可定案的事却又被搁置下来。

1973 年，曲波同志找到了 1947 年 2 月杨子荣活捉“座山雕”后，第2团召开群英会拍摄的英雄集体照片，特地将胸戴光荣花的杨子荣翻拍出来，放大后寄给刚建立的海林县杨子荣纪念馆。纪念馆又将该照片寄给牟平县民政局，请他们去嵎峡河村让人辨认。牟平县民政局接到照片后，非常重视，局长亲自带人并带了4张不同人的照片去嵎峡河村，请村里的老人辨认。

这一天，天气晴朗，丽日当空，民政局局长来到嵎峡河村，在大队部、地头旁和村民家，拿出4张照片，请村里的干部、老人、乡亲们辨认里面有没有他们村的杨宗贵。

老人们毫不犹豫地指着其中的一张说：“这人就是俺村的杨宗贵。”

经多次多人认定，他们都是那么地肯定，民政局局长不禁热血沸腾。他请人领着，急匆匆地来到嵎峡河村村西那个破旧的小院，伫立凝望，心里激动不已，这就是养育了伟大英雄杨子荣的院落啊！

杨子荣的胞兄杨宗福迎出门来，看到民政局局长站在院中发呆，不知道出了什么事。

民政局局长从怀里掏出那4张照片，递到杨宗福的面前，问他里面有没有杨宗贵。

杨宗福看了后，盯着其中一张照片呆呆地看了许久，眼泪夺眶而出。他擦了擦眼泪，又拿到脸前仔细地端详了许久，突然指着相片哭喊道："这就是宗贵，我的宗贵兄弟啊……"

民政局局长看到这一幕，眼睛湿润了，他擦擦激动的泪水，笑着告诉杨宗福："你家宗贵就是革命现代京剧《智取威虎山》里的那个杨子荣啊！"

"什么，我兄弟就是那曲戏里那个了不起的英雄？"杨宗福一下子愣住了，狐疑地看着民政局局长。

民政局局长点着头，说："这是真的！"

"真的！这是真的吗？"杨宗福突然放声哭了起来。他拿着照片，哭着，冲出门去，直朝村西奔去……

"娘！这是真的啊！……"

凄厉的喊叫声传向天空，渗进大地。

宋学芝当然也听到了！她会挺直腰板，含笑

着说："俺就觉得俺宗贵像戏里唱的那个人……"

许万亮也一定听到了！她终于听到了她男人的实信，一个能令她兴奋得眩晕过去的实信。

天黑了，人们发现在宋学芝和许万亮的墓前，跪着一个汉子，他的头深深地往下埋着，久久地不见他起来……

牟平县经过两年多的征集史料和筹备工作，于 1991 年 7 月 1 日，在县城中心建成了"杨子荣广场"，竖立起英雄高大的塑像；又在杨子荣当年参军的地方雷神庙西侧，建起了"杨子荣烈士纪念馆"，并举行了隆重的落成仪式。

2009 年，为庆祝中华人民共和国成立 60 周年，中共中央宣传部等 11 个部门联合组织开展评选"100 位为新中国成立作出突出贡献的英雄模范人物和 100 位新中国成立以来感动中国人物"活动，杨子荣入选"100 位为新中国成立作出突出贡献的英雄模范人物"。

后　记

侦察英雄杨子荣的光辉形象已在全中国人民的心中深深地扎下了根，他的英雄故事教育和影响了一代又一代的中国人。时光飞逝，杨子荣烈士壮烈牺牲已经过去70多年，革命先辈们为我们打下的江山已日新月异，英雄的高贵品格和牺牲奉献精神，已成为中国人民不断进取、努力奋斗的精神动力。随着时代的发展，我们更加怀念他！敬仰他！为使他的英雄故事和伟大精神得以更加广泛地传颂，我们也需要不断地书写他！

本书是在前人研究成果的基础上，从杨子荣烈士平凡而伟大的一生中选取最生动、最典型、最感人的英雄故事，结合中国革命发展历程和英雄烈士的人生经历，在充分尊重史实的前提下，编写成的这本故事汇，力求用一系列好看的英雄故事传递伟大的精神。

在编写过程中，得到军事科学院军队政治工作研究院领导和机关的大力支持。成稿之后，还请康月田、李博、岳思平、徐占权、赵日明等多位专家学者进行了审读。

主要参考文献：《解放军烈士传》（解放军烈士传编委会编 / 解放军出版社）、《特级侦察英雄：杨子荣》（温野著 / 黑龙江人民出版社）、《杨子荣传记》（王班主编 / 黄海数字出版社）、《英雄杨子荣》（谷办华著 / 解放军文艺出版社）、《杨子荣在海林》（黄运军编著 / 作家出版社）、《100位为新中国成立作出突出贡献的英雄模范人物：杨子荣》（吴卓编著 / 吉林文史出版社）、《林海雪原》（曲波著 / 人民文学出版社）等。

在此，谨向关心和帮助的各位领导、专家学者，以及上述参考书目的作者、编辑致以最诚挚的谢意！

图书在版编目（CIP）数据

杨子荣 / 军事科学院解放军党史军史研究中心编. 北京 : 学习出版社, 2025. 6. -- (中华先烈人物故事汇). -- ISBN 978-7-5147-1368-8

Ⅰ. K825.2

中国国家版本馆CIP数据核字第20256DJ896号

杨子荣

YANG ZIRONG

军事科学院解放军党史军史研究中心

责任编辑：吴保平　张　焱　封面绘画：刘书移
技术编辑：朱宝娟　　　　　内文插图：韩新维
美术编辑：杨　洪　　　　　装帧设计：和物文化

出版发行：学习出版社
北京市东城区崇外大街11号新成文化大厦B座11层（100062）
010-66063020　010-66061634　010-66061646
网　　址：http://www.xuexiph.cn
经　　销：新华书店
印　　刷：河北鹏润印刷有限公司

开　　本：787毫米×1092毫米　1/32
印　　张：7.125
字　　数：93千字
版次印次：2025年6月第1版　2025年6月第1次印刷

书　　号：ISBN 978-7-5147-1368-8
定　　价：29.00元